セクシュアル・マイノリティの法律相談

LGBTを含む多様な性的指向・性自認の法的問題

東京弁護士会 性の平等に関する委員会
セクシュアル・マイノリティ プロジェクトチーム
［編著］

ぎょうせい

発刊にあたって

　この数年で、「セクシュアル・マイノリティ」や「LGBT」という言葉を耳にすることが多くなりました。東京都渋谷区をはじめとする自治体が同性カップルのパートナーシップを公的に承認するための制度を設けたり、同性パートナーを保険金受取人に指定できるようにする生命保険会社が増えつつあるなど、民間でのサービスも広がりつつあります。

　一方、性的指向の問題と性自認の問題が混同されたり、「ホモ」「レズ」「オカマ」などの侮蔑的表現を用いてセクシュアル・マイノリティを嘲笑・嫌悪する風潮は変わらずに残っているなど、未だ人権の問題であるという意識が浸透したとはいえません。セクシュアル・マイノリティに対するいじめや拒絶・排除も根強く残っており、性的指向・性自認に関する正しい理解が不十分な現実があります。

　東京弁護士会では、全国の弁護士会に先駆けて、2012年3月にセクシュアル・マイノリティをテーマとしたシンポジウムを開催したことを契機として、先進的にこの問題に取り組んできました。今後も、人権擁護の観点から弁護士がこの問題に取り組み続ける必要があると痛感しています。

　本書は、セクシュアル・マイノリティについての基本的な知識や日本における現在の制度や課題を総論で述べた上で、セクシュアル・マイノリティが困難に直面する場面として、パートナーシップ、住居、医療、労働、子ども、相続・養子縁組などを取り上げ、場面ごとの法的課題と解決策を紹介しています。さらに、裁判例の

紹介、セクシュアル・マイノリティ当事者の座談会、刑事弁護のロールプレイ、書式や相談窓口一覧などの付録も掲載し、基礎から応用まで充実した内容になっています。

　本書が、性的指向・性自認に関する差別が一日も早く解消されるよう、法律家、支援者、法的問題に直面しているセクシュアル・マイノリティ当事者とその関係者の一助となれば幸いです。

　2016年10月

東京弁護士会会長　小林　元治

推薦の言葉

　私は、東京弁護士会の中の「子どもの人権と少年法に関する特別委員会」に所属しています。その子どもの権利委員会に、「両性の平等に関する委員会」にも所属している弁護士がいます。私は彼と会う度に、「『両性』って言っているけれど、性は男と女の二つだけではないですよ！」と、笑いながら繰り返し話していました。

　そうしたところ、ある日その弁護士から、次のような要請を受けました。「両性の委員会の会議の中で外部講師に 10 分間お話しいただく学習会を設けているので、そこでセクシュアル・マイノリティの話をしてほしい」。私は内心、「両性の委員会は女性の問題にしか関心がなく、私の話を聞いて終わるだけだろう」と思いながら（今から思えば根拠のない思い込み、まさに偏見でした。）、わずか 10 分でセクシュアル・マイノリティの置かれた法的状況を一気にまくし立てるようにお話ししました。それが 2011 年 6 月のことです。

　私の予想に反し、両性の委員会の皆さんは、重要な課題と受け止めてくださいました。翌年の 2012 年 3 月には、日本の弁護士会の中で初めてセクシュアル・マイノリティをテーマにしたシンポジウムが開催されました。そしてその後も、両性の委員会の皆さんは、研修や電話相談等を、次々と展開していきました。委員でない私も、多くの場面でご一緒させていただきました。

　私は、それより前の 2007 年に「LGBT 支援法律家ネットワーク」を立ち上げていました。しかし、その立ち上げ当時、士業のメンバーはわずか 7 人しかいませんでした。セクシュアル・マイノリティの法的トラブルに取り組む弁護士は極めて少なく、これが人

権問題であるという意識自体、全国の弁護士たちの中になかったのです。セクシュアル・マイノリティ当事者が弁護士に繋がりづらいという「司法アクセス障害」を解消することを目指して、ネットワークはゆっくりと輪を広げてきました。しかし、任意団体は、活動の幅にどうしても限りがあります。それに対して、市民から信頼のある弁護士会が人権擁護活動として取り組むことは、司法アクセス障害の解消に非常に大きな力になります。今、東京を始めとして各地の弁護士会で取組みが進められていることを、とても感慨深く、また、心強く思っています。

　今年、東京弁護士会の「両性の平等に関する委員会」の名称が「性の平等に関する委員会」に変わったと聞きました。女性の人権に関しても、まだ多くの課題が残っています。しかし、多様な性を尊重し一人ひとりの個人が大切にされる社会を目指すことは、「女性だから／男性だから」「女性であっても／男性であっても」という従来の枠に新しい視点を加え、女性の人権問題の改善にも、より一層プラスになるものと思います。本書には、東京弁護士会がシンポジウム・研修・電話相談等、約4年かけて積んだ実績をベースに、充実した情報がまとめられています。本書が一人でも多くの法律実務家・当事者・支援者に届き、司法アクセス障害のより一層の解消に繋がること、そして、弁護士であれば誰でもセクシュアル・マイノリティの問題に対応でき、当事者全てが安心した毎日・幸せな人生を送れる社会となることを、心から願っています。

　2016年10月

　　　　　　　　弁護士　**山下　敏雅**（東京弁護士会所属）

目　次

第1章　総　論

1　「セクシュアル・マイノリティ」は性の多様性の一部 …………… 002
　(1)　「性」は多面的なもの　002
　(2)　「性」の多様性　005
2　同性愛・両性愛とトランスジェンダーは区別して理解しよう …………… 009
　(1)　性的指向と性自認（性同一性）を混同しないように注意しよう　009
　(2)　同性愛者・両性愛者の抱える問題とトランスジェンダーの抱える問題には違いがある　010
3　同性愛者・両性愛者の権利問題 …………… 011
　(1)　同性愛・両性愛は性的指向として「自然」なもの　011
　(2)　世界における同性愛者・両性愛者の権利問題　013
　(3)　日本における同性愛者・両性愛者の権利問題　014
4　同性パートナーシップの権利保障 …………… 017
　(1)　家族形成が社会に承認されることの重要さ　017
　(2)　海外の動き　018
　(3)　日本の場合　019
5　トランスジェンダーの権利問題 …………… 023
　(1)　性同一性障害者の性別の取扱いの特例に関する法律　023
　(2)　特例法の問題点　023
　(3)　トランスジェンダーの全てが特例法による性別の取扱い変更を望むわけではない　026
　(4)　「性同一性障害」から「性別違和」へ　027
6　セクシュアル・マイノリティは人権の問題だと理解しよう …………… 029
　コラム　レズビアン弁護士の地方小都市暮らし　033

第2章 各　論

1　トランスジェンダーが直面する問題 …………………………… 036

(1) 性別の取扱いの変更の要件　036

　Q1　私は戸籍上の性別に違和感があり、戸籍上の性別を変更したいと考えています。どのような条件がそろえば変更が認められるのでしょうか。　036

　Q2　事実婚をしている場合、「現に婚姻していないこと」という要件を満たしますか。　037

　Q3　婚外子や養子がいる場合、「現に未成年の子がいないこと」という要件を満たしますか。　038

　Q4　「生殖腺がないこと又は生殖腺の機能を永続的に欠く状態にあること」という要件は、どの程度の状態であれば満たしますか。　038

　Q5　「その身体について他の性別に係る身体の性器に係る部分に近似する外観を備えていること」という要件は、どの程度の状態であれば満たしますか。　039

(2) 性別の取扱いの変更の手続　040

　Q6　性別の取扱い変更の申立てにはどのような書類が必要で、費用はどのくらいかかりますか。　040

　Q7　提出しなければならない医師の診断書には、どんなことが記載されるのでしょうか。　040

　Q8　申立書を提出した後、どのような流れになりますか。　041

(3) 性別の取扱いの変更の効果　043

　Q9　性別の取扱いの変更が認められると、どのような効果がありますか。　043

　Q10　性別の取扱いの変更が認められた場合、戸籍はどうなりますか。　044

　Q11　性別の取扱いの変更が認められた場合、住民票、健康保険証、パスポート、運転免許証、住基カードの記載はどのようになりますか。　044

(4) 名前の変更　046

　Q12　戸籍上の性別変更と同時に名前の変更も行うことができますか。　046

(5) トランスジェンダーとトイレ利用　047

Ｑ13　私はMtFのトランスジェンダーですが、戸籍上の性別は男性のままです。
　　　　　女性用の公衆トイレを利用できますか。　047
　（6）　トランスジェンダーと賃貸借契約の性別欄　049
　　　Ｑ14　私はFtMのトランスジェンダーですが、戸籍上の性別は女性のままです。
　　　　　マンションを借りるときに、賃貸借契約書その他の要求される用紙の性別欄に
　　　　　男性と記載したいのですが、契約の効力への影響はありますか。　049
　（7）　トランスジェンダーと各種証明書の性別欄　051
　　　Ｑ15　各種証明書（運転免許証、国民健康保険証など）に戸籍上の性別を記載し
　　　　　ないことはできませんか。　051
　（8）　トランスジェンダーと学校生活　053
　　　Ｑ16　私はFtMのトランスジェンダーですが、戸籍上の性別は女性で、男女共
　　　　　学の私立高校に在籍しています。最近、女子用の制服を着ているのが苦痛で、
　　　　　学校で男子の制服を着たいと強く感じるようになりました。また、着替えの際
　　　　　には、男子更衣室を使いたいです。どうすればよいでしょうか。　053

2　同性パートナーシップ及び任意後見　055

　　　Ｑ1　第三者に私が同性パートナーとパートナーシップ関係にあることをわかり
　　　　　やすく説明するためにはどのような方法がありますか。　055
　（1）　同性カップルのパートナーシップ　055
　（2）　任意後見　059

3　住　宅　070

　（1）　同性パートナーと一緒に部屋を借りることはできるか　070
　　　Ｑ1　私には、現在交際中の同性のパートナーがいます。パートナーとはそろそ
　　　　　ろ一緒に住もうかという話が出てきているのですが、同性カップルであること
　　　　　を理由に賃貸を断られる可能性があるでしょうか。また、契約時の注意点を教
　　　　　えてください。　070
　（2）　単身用物件での同居開始　072
　　　Ｑ2　私は、もともと「一人入居」の条件で賃貸借契約を締結し、現在の家に住
　　　　　んでいます。しかし、居住を始めた後で同性パートナーが同居するようになり

ました。そのことを知った大家さんから、契約違反だから今すぐ出ていってほしいと言われています。私は今住んでいる家から出ていかなければならないのでしょうか。 072

　(3) 同性パートナーとの不動産購入　074
　　　Q3　同性パートナーと共同で家・マンションを買えますか。 074
　(4) 同性パートナーとの公営住宅等への入居　077
　　　Q4　同性カップルは公営住宅・公団住宅・特定優良賃貸住宅に入居できますか。 077

4　医療・介護・財産管理・生命保険　081

　(1) 終末期医療の同意　081
　　　Q1　終末期医療（「人生の最終段階における医療」における医療行為の開始・不開始、医療内容の変更、医療行為の中止等）の決定権を同性パートナーに託すことはできますか。 081
　(2) 介　護　085
　　　Q2　私は同性パートナーと生活を共にしていますが、将来、同性パートナーに介護が必要となった場合、①介護保険の申請、②介護施設入所時の身元引受、③介護休業の申請を、私が行うことはできますか。 085
　(3) 財産管理　088
　　　Q3　私が将来重大な病気にかかり体が不自由になった場合などに備え、同性パートナーに財産管理を託しておきたいのですが、どのようにすればよいですか。判断能力がなくなった後ではどうすればよいですか。 088
　(4) 生命保険　093
　　　Q4　長年付き合っている同性パートナーがいます。私の死後のパートナーの生活が心配なので、パートナーに生命保険金を渡したいと思っています。同性パートナーを生命保険の受取人にすることはできますか。 093

5　労働問題　097

　(1) 履歴書の性別欄　097
　　　Q1　私は、MtFのトランスジェンダーです。女性ホルモンの投与は受けていま

すが、性別適合手術までは必要と感じておらず、戸籍の変更もしていません。現在就職活動中ですが、履歴書の性別欄に戸籍上の性別である「男」と書かなければならないでしょうか。　097

(2) セクシュアル・マイノリティであることを理由とした採用拒否　100

　Q2　私は、レズビアンで大学4年生です。会社の新卒採用面接の際、採用されれば長く勤めるつもりでしたし、自分を偽って生きるのもつらいので、役員による最終面接で「最後に何か言いたいことはありますか」と聞かれた際、同性愛者であることを話しました。すると、不採用となってしまいました。この最終面接は最終意思確認のための形式的なものと事前に聞かされており、実際、私以外の候補者は全員採用されています。私が不採用となったのは、同性愛者であることを理由とするものにほかなりません。法的に争うことは可能でしょうか。　100

(3) 服装等の制限　103

　Q3　私は、FtMのトランスジェンダーです。性別適合手術は受けていませんが、私生活でも仕事でも男性の服装をしています。ところが、会社の上司が「女性らしい髪型や服装をしなさい。」と何度も指導してきます。どのように対応したらよいでしょうか。　103

(4) セクシュアル・マイノリティであることを理由とする昇進等における差別的取扱い　106

　Q4　私はゲイであることをオープンにして大学卒業後ずっと同じ会社で働いていますが、配置転換、昇進・昇格等において、同期入社の人間と比べて差別的待遇を受けているように感じます。また、ある部署にいるときは賃金や労働時間の点についても、私だけ残業時間が多いのに賃金が変わらなかったりと、いじめを受けていたように思います。法的に何らかの措置をとることは可能でしょうか。　106

　コラム　会社としてできること　109

(5) セクシュアル・マイノリティであることを理由とした解雇　110

　Q5　私はゲイですが、これまで職場では自身の性的指向を明らかにしてきませ

んでした。ところが、先日同僚に彼氏と一緒に歩いているところを目撃されてしまい、ゲイであることが職場内に広まり、騒然となりました。従業員数十名の小さな組織なので、ついには社長から、「他の従業員が嫌がっているので、これ以上会社にいてもらうことはできない。」「退職届を出すなら退職金は払う。でも自ら辞めてくれないなら解雇にするので退職金は出せない。」と言われてしまいました。このような解雇は許されるのでしょうか。 110

(6) セクシュアル・ハラスメント 113

Q6 私はレズビアンでパートナーと同居していますが、会社で上司から度々「なぜ結婚しないのか」「同性愛者じゃないのか」と言われ、傷ついています。会社や上司に対して何らかの措置を求めることはできるのでしょうか。 113

(7) セクシュアル・マイノリティと職場の福利厚生 116

Q7 私は、レズビアンで、レズビアンのパートナーと一緒に暮らし始めて5年になります。勤務先の会社には、家族手当の制度をはじめ結婚手当や配偶者親族の逝去のための慶弔休暇の制度等があるのですが、私も受けることはできないでしょうか。 116

6 同性カップルと子ども ……………………………………………………… 118

Q1 同性パートナーが産んだ子どもがいて、そのパートナーと共にその子を育てています。万が一、パートナーが先に亡くなった場合に、私がその子どもを育てる方法はありますか。 118

(1) 同性パートナーが親権者であり他にも親権者のある場合 118
(2) 同性パートナーが親権者であり他には親権者のない場合 118
(3) パートナーが生きている間にできること 120
(4) 同性パートナーがそもそも親権者ではない場合 121

7 生殖補助医療を利用して生まれる子 …………………………………… 122

(1) 第三者精子提供 122

Q1 私とパートナーはレズビアンのカップルです。第三者から精子の提供を受けて、私又はパートナーが医学的方法により妊娠・出産することはできますか。 122

Q2　何らかの方法で第三者から精子の提供を受けて医学的方法によりレズビアンカップルの片方が妊娠して出産したときに、生まれた子の母親は誰になりますか。　123
　(2)　代理母　125
　　　Q3　男性Aと男性Bの同性カップルが、女性Cに依頼して、Aの精子とCの卵子を用いて、体外受精によって得た受精卵をCの子宮に入れて、Cに懐胎し出産してもらった場合、子の母親と父親はそれぞれ誰になりますか。　125
　(3)　特別養子縁組　126

8　パートナーシップ解消 …………………………………………………… 128
　(1)　同性パートナー間紛争の手続利用　128
　　　Q1　長年生活を一緒にしてきた同性のパートナーと別れることになりました。しかし、一緒に住んできた家のことや、これまで二人で築いた財産をどうするかといった条件について、折り合いがついていません。二人で話し合っても解決できなかった場合、第三者が間に入ってくれる方法はないでしょうか。　128
　(2)　同性パートナーの財産分与　130
　　　Q2　同性のパートナーと長年交際してきましたが、別れることになりました。私は、長年、パートナーのための家事を専業にしていて働いていなかったため、別れた後の生活の糧をどうすればよいのか不安です。パートナーに財産分与の請求をすることは可能ですか。　130
　(3)　同性パートナーの慰謝料請求　132
　　　Q3　私は同性のパートナーと長年交際してきました。パートナー関係を解消する際に、相手に慰謝料を請求することはできますか。　132

9　相　続 ……………………………………………………………………… 137
　　　Q1　同性パートナーに遺産を渡すにはどうすればよいですか。　137
　　　Q2　同性パートナーが突然亡くなりました。遺言書などは作成していませんし、養子縁組もしていません。パートナーの遺産は一切受け取れないのでしょうか。　143

10 パートナーとの養子縁組 ·············· 145

Q1 同性パートナー（戸籍上の性別が同一であるパートナー）と養子縁組（普通養子縁組）をする場合、どのような手続が必要ですか。 145

Q2 同性パートナーと養子縁組をした場合、パートナーとの関係はどうなりますか。 146

Q3 同性パートナーと養子縁組を行う場合、注意すべき点はありますか。 147

11 トラブル ·············· 149

(1) DV 149

Q1 同居している同性パートナーから暴力を振るわれたり、暴言を浴びせられたりしています。どうしたらよいでしょうか。 149

コラム 同性カップルに対するDV防止法の適用 152

(2) ストーカー 154

Q2 同性の元交際相手が、つきまといや待ち伏せをやめてくれません。また、一日に何十件も携帯に着信があったり、しつこくメールが来たりもします。どうしたらよいでしょうか。 154

(3) アウティング 160

Q3 同性の恋人に別れ話を切り出したところ、家族、友人、職場に同性愛者であることをばらすと脅されて、恋人関係を続けることを迫られています。どうすればよいでしょうか。 160

Q4 ハッテン場でトラブルになり、相手からお金を請求されています。どうすればよいでしょうか。 162

コラム アウティングにならないように 166

(4) 結婚（異性婚）に関するトラブル 167

Q5 私は同性愛者ですが、そのことを言わずに異性と結婚しました。しかし、結婚後、配偶者に私が同性愛者であることが発覚し、配偶者から離婚を求められています。同性愛者であることが離婚事由になりますか。 167

Q6 私は同性愛者ですが、そのことを言わずに異性と結婚しました。しかし、結婚後、配偶者に私が同性愛者であることが発覚し、配偶者から、離婚だけで

なく、離婚に伴う慰謝料も請求されました。私は離婚に伴う慰謝料を支払わなければならないのでしょうか。 168

　Q7　私は同性愛者ですが、異性と結婚して子どもも生まれました。しかし、同性愛者であることを偽って結婚生活を続けていくのが苦しくなり、離婚を決意し、配偶者と話合いを進めています。私は子どもの親権を取得したいと希望していますが、同性愛者であることが不利益に働くことはありますか。 169

(5) 刑事事件 171

　Q8　私はゲイなのですが、セックスドラッグとして薬物使用をしたことで逮捕されてしまいました。取調べや裁判では、自分がゲイと話さなければいけないのでしょうか。 171

コラム　ハッテン場とは？ 173
コラム　HIVと傷害罪・不法行為 174
コラム　薬物依存に対するケア 176

　Q9　私は、MtFのトランスジェンダーですが、性別適合手術は受けておらず、戸籍上の性別も男性のままです。私が刑事施設に入ることになった場合、私は女性として扱ってもらえるのでしょうか。 177

(6) インターネットに関するトラブル 190

　Q10　インターネットの掲示板上に自分の顔写真がアップされ、「この男性はゲイだ。男なら誰でも襲う犯罪者なので要注意。」と書き込まれています。誰がこのようなことをしたのかわかりません。どうすればよいでしょうか。 190

12　在留資格 ……………………………………………………………… 197

(1) 外国国籍同士のカップルが海外で同性婚をした場合の在留資格 197

　Q1　私とパートナーはいずれも外国国籍で、本国では有効に同性婚が成立しています。パートナーは日本の在留資格を持っているのですが、私が家族滞在の資格で日本に在留することは可能でしょうか。 197

(2) 外国人と日本人のカップルが海外で同性婚をした場合の在留資格 199

　Q2　私は日本人で、外国籍の同性パートナーと外国にて同性婚をしました。私

は現在日本に居住しているのですが、外国籍の同性パートナーが、「日本人の配偶者等」(出入国管理及び難民認定法別表第二)の資格で日本に在留することはできますか。 199

第3章　セクシュアル・マイノリティに関する日本の裁判例

1　トランスジェンダー ……………………………………………………… 202
　(1)　別性容姿で就労することの申出と企業秩序　202
　(2)　刑事収容施設における対応　203
　(3)　第三者精子提供による人工授精子の父子関係　204
　(4)　会員制ゴルフクラブへの入会拒否　205
　(5)　名の変更　206
2　同性愛・両性愛 ………………………………………………………… 209
　(1)　性的指向に基づく公共施設の宿泊利用拒否　209
　(2)　同性愛者の難民該当性　209
　(3)　同性愛を推測させる表現と名誉毀損　210
　コラム　アメリカ連邦最高裁 Obergefell v. Hodges 判決　212

第4章　座談会・インタビュー

1　座談会 …………………………………………………………………… 218
　(1)　自己紹介及び活動内容の概要　218
　(2)　カミングアウトの有無及び経緯・理由　220
　(3)　渋谷区の証明書発行及び世田谷区の宣誓書受領証発行について　223
　(4)　日弁連に対する人権救済申立てについて　226
　(5)　特例法について　228
　(6)　学生時代のエピソード　230
　(7)　メディアでの取扱いについて　235

(8) その他、普段の生活や活動の中で感じていること　237
(9) 弁護士に求めること　241
(10) 弁護士として気をつけていること　243

2　LGBT の先駆的訴訟「府中青年の家事件」弁護団長・中川重徳弁護士
インタビュー..244
　コラム　身の回りからホモネタ・レズネタをなくそう！　258
　コラム　セクシュアル・マイノリティの問題について相談されたとき　260

第5章　付　録

1　法律相談ロールプレイング..262
2　相談窓口一覧..269
　(1)　LGBT に関する相談窓口　269
　(2)　薬物依存　272
　(3)　Ｄ　Ｖ　272
セクシュアル・マイノリティ無料電話相談のご案内　274

事項別索引　276
裁判例等年月日別索引　280

凡　例

　裁判例を示す場合、「判決」→「判」、「決定」→「決」、「審判」→「審」と略した。また、裁判所の表示及び裁判例の出典（代表的なものに限った。）については、次に掲げる略語を用いた。

1　裁判所名略語

　　最大　　最高裁判所大法廷　　　　　○○地　　○○地方裁判所
　　最○小　最高裁判所第○小法廷　　　○○支　　○○支部
　　○○高　○○高等裁判所

2　判例集・雑誌等出典略語

　　民集　　最高裁判所民事判例集　　　判タ　　判例タイムズ
　　家月　　家庭裁判月報　　　　　　　判自　　判例地方自治
　　訟月　　訟務月報　　　　　　　　　労判　　労働判例
　　判時　　判例時報

第1章

総 論

1 「セクシュアル・マイノリティ」は性の多様性の一部

(1) 「性」は多面的なもの

　従来、「性」のあり方というと（身体的な）性別のみを意味するものと理解されることが多かったといえるでしょう[1]。しかも、女性又は男性のみが念頭に置かれてきました。

　しかし、今日、「性」は身体的な性別のみを意味するのではなく、性自認（性同一性）、性的指向、性役割（ジェンダー）といった複数の側面があり、また、必ずしも女性と男性に二分できるものではないと考えられています。

　① 身体的性別（生物学的性別）

　「身体の性」のこと。生物学的に女なのか男なのかを指します。より具体的には、性染色体、生殖腺、ホルモン、内性器、外性器などの性的特徴を指します[2]。

　　※身体的性別は多くは出生時に峻別されるものの、峻別しにくい場合もあります。染色体や生殖腺、内性器や外性器等の身体器官の分化・形成過程に何らかの異常があり、その結果、性に関わる器官の形状が非典型であったり、機能が不全となったりする疾患を総称して、「性分化疾患」といいます。性的指向及び性自認とは異なる問題です。

---

[1] 「性」の行為の側面としてはセックス（性行為）がありますが、本書は性のあり方をテーマにしているので行為の面はおいておきます。
[2] 佐々木掌子「セクシュアル・マイノリティに関する諸概念」『精神療法』42巻1号（金剛出版、2016年）p.9-14。

② 性自認（性別自認／性同一性）[3]

「性別に対するアイデンティティ」のこと。代表的な定義として、「男性あるいは女性、あるいはそのどちらとも規定されないものとしての個性の統一性、一貫性、持続性」（John Money, 1965）があります[2]。

人口割合的に多くの人は身体的性別に同一性を持ちますが、同一性を持たない人もいます。身体的性別に同一性を持たない状態ないしそのような状態の人のことを「トランスジェンダー」といいます。「性同一性障害」はトランスジェンダーのうち、医療的治療を必要とする人に対する医学的疾患名として日本で用いられています。

自分を、女性か男性か規定できない、規定しないとの認識を「Xジェンダー」といいます。

トランスジェンダーの分類として以下の用語もよく用いられます。

「FtM」：Female to Male の略。身体的性別が女性で性自認（性同一性）が男性である人。

「MtF」：Male to Female の略。身体的性別が男性で性自認（性同一性）が女性である人。

「FtX」：Female to X gender の略。身体的性別が女性で性自認（性同一性）がXジェンダーである人。

「MtX」：Male to X gender の略。身体的性別が男性で性自認（性同一性）がXジェンダーである人。

なお、身体的性別に同一性を持ち違和感のない状態を「シスジェンダー」といいます。

---

[3] 本書では、以下は主に「性自認」と示します。

③　性的指向（性指向）[4]

「好きになる性」のこと。恋愛感情や性的関心が主にどの性別に向いているかを指します。

人口割合的に多くの人は、自らの性自認とは異なる性つまり異性に恋愛感情や性的関心が向いています。この人たちを異性愛者といいます。

他方、恋愛感情や性的関心が同性あるいは異性と同性の両方に向いている人もいます。この人たちを同性愛者（レズビアン、ゲイ）、両性愛者（バイセクシュアル）といいます。

また、異性同性に限らず他者に対し恋愛感情や性的関心を持たない人を「ア（エー）セクシュアル」（無性愛者）ということがあります。

④　性役割・社会的性別（ジェンダー）

いわゆる「女らしさ」、「男らしさ」のこと。ジェンダーとは、身体的性別（生物学的性別）に付加された役割のことであり、社会的・文化的性別（性差[5]）ともいわれます。社会や文化によって作り上げられた「女性像」、「男性像」、「女性に期待される役割」、「男性に期待される役割」のことを指します。ジェンダーは、服装・髪型等のファッション、言葉遣い、職業の選択、職場や家庭での役割分担等、日常生活の様々な場面で表出されています。日本社会では例えば、女性は化粧をしてスカートや比較的露出の高い服装をする、男性は化粧をせず長ズボンに襟の詰まったシャツを着る、女性は料理・掃除・裁縫等の家庭内の作業を担当し、男性は外で活動（仕事）し

---

[4]　本書では、以下は「性的指向」と示します。
[5]　性別による区別。

て家族を養う、女性はおしとやかで細かな気遣いができることがよしとされ、男性は元気がよくたくましく力強いことがよしとされる、などなど。なお、性役割（ジェンダー）と性自認（性同一性）は別個の独立した概念であることに注意しましょう。

また、主に性役割（ジェンダー）に囚われたくない、自由でありたいと考える人において、自らの性役割（ジェンダー）と異なる外見（ファッション）を選択することを「異性装」と呼ぶ場合があります。「女装」、「男装」と呼ばれることも多いでしょう。

「異性装」は性役割・社会的性別（ジェンダー）表現に関する概念であり、性自認や性的指向とは区別されるものです。つまり、自らの性自認に違和感がなく性的指向が異性愛の人（性的多数者）の中にも異性装を選択する人がいます。

(2) 「性」の多様性

i セクシュアル・マイノリティ

①身体的性別は生まれた際に女性／男性か適切に峻別されている、②身体的性別に同一性を持っている（性自認は身体的性別と一致している）、③性的指向は自分の性自認とは異なる性（異性）であるという人が、人口割合的には多数とされています。わかりやすくいうと、身体的性別に同一性を持つ異性愛指向の人です[6]。これらの人は「セクシュアル・マジョリティ＝性的多数者」と呼ばれることがあります。

一方、身体的性別に同一性を持たない（身体的性別と性自認との関係が不一致ないし違和感がある）人、性的指向が異性愛でない人

---

[6] わかりやすさを重視し、ここでは前記(1)における①に関する性分化疾患と④社会的性別（ジェンダー）表現について省略します。

は、人口割合的に少数者であるため「セクシュアル・マイノリティ＝性的少数者」と呼ばれています。

以下の図は、多様な性をわかりやすく理解するのに有益ですので参考にしてください。

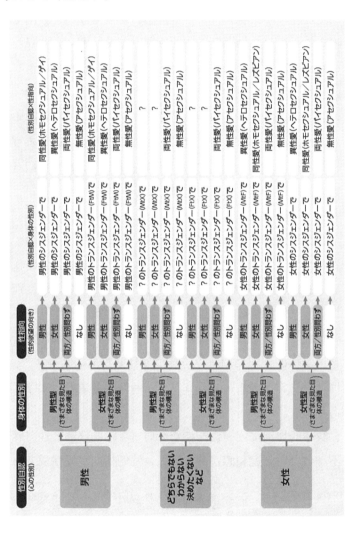

ii LGBT

「LGBT」とは、レズビアン（Lesbian ／女性同性愛者）、ゲイ（Gay ／男性同性愛者）、バイセクシュアル（Bisexual ／両性愛者）、トランスジェンダー（Transgender）の頭文字をとった言葉であり、セクシュアル・マイノリティとほぼ同じ意味で使われています。

iii セクシュアル・マイノリティの数的割合

セクシュアル・マイノリティは、どの時代、どの地域でも人口の一定数を占める存在とされています。差別や偏見を恐れてカミングアウト（自らの性的指向や性自認を他者に明らかにすること）をしない／できない人が依然として多いため正確な調査が困難であり確定的な数値はわからないものの、各種調査により人口の概ね5％程度がセクシュアル・マイノリティ（主にLGBT）といわれています[7]。

iv 「性別二元論」、「異性愛中心主義」から脱しよう

これまでみてきたように、「性」はいろいろな意味合い・側面を持つ概念であり、「性」の区別（峻別）は女性と男性の二つに割り切れるものではありません。

従来の社会は、身体的な性別に同一性を持ち（シスジェンダー）、異性愛であることだけが「自然」であるとする傾向にありました。このような「性」のあり方に関する従来的な固定観念を「性別二元論」、「異性愛中心主義」といいます。しかし、現在では、このよう

---

[7] 株式会社電通におけるダイバーシティ（多様性）課題対応専門組織「電通ダイバーシティ・ラボ」による全国69,989名を対象とした調査（2015年4月）では、「ストレート（異性愛者で、身体と心の性別が一致している人）と答えた」人以外をLGBT層とし、LGBT層は7.6％との結果が出ている。また、株式会社LGBT総合研究所（博報堂DYグループ）による有効回答者89,366名の調査によれば、約5.9％がLGBTに該当するとの結果も出ている。

な固定観念は誤りであるという認識が広まりつつあります。

　人口割合的な多い・少ないはあるものの、「性」のあり方は多様なのです。前掲の樹形図を見れば、身体的性別に同一性を持つ異性愛者も、多様な性の一部にすぎないことがわかります。LGBT やセクシュアル・マイノリティは特別な存在なのではなく、多様な性のあり方における違いや個性にすぎないのです。

　その意味で、国際的には「LGBT」の用語が「SOGI（「ソギ」あるいは「ソジ」）」に置き換わりつつあります。「SOGI」は Sexual Orientation and Gender Identity の略であり、日本語に訳すと性的指向及び性自認（性同一性）を意味します。つまり、セクシュアル・マイノリティを特別な存在としてくくり出すのではなく、身体的性別に同一性を持つ異性愛者も含めたうえで、個人の性的指向及び性自認（性同一性）を人権課題と捉えるということです。

2 同性愛・両性愛とトランスジェンダーは区別して理解しよう

(1) 性的指向と性自認（性同一性）を混同しないように注意しよう

　同性愛・両性愛とトランスジェンダーの問題は混同されてしまうことも多いようです。しかし、これらは別個の問題なので区別して理解するよう注意が必要です。

　よくある誤りは、次の2点です。
① 同性愛者は身体的性別に違和感がある
② トランスジェンダーは自認する（同一性を持つ）性別とは異なる性別を好きになる

　具体的には、①については、ゲイの男性は本当は女性になりたいのだろう、レズビアンの女性は本当は男性になりたいのだろう、②については、身体的性別が男性で性自認が女性のトランスジェンダー（MtF）は皆、男性を恋愛対象にするのだろう、というような誤解です。

　この誤解は、無意識的に「異性愛中心主義」に基づいて性的指向と性自認を連動させてしまうことが要因です。異性愛が自然で同性愛が不自然という誤解・偏見が無意識にこびりついているため、知らず識らずのうちに、「いろいろ普通と違う事情があるのだろうが、本当は異性愛になりたいんだろう」と結論づけてしまうのです。明確な差別意識はないのがほとんどでしょうが、誤解・偏見に基づく誤った考えです。

　レズビアンは女性として女性を好きになる人、ゲイは男性として男性を好きになる人であり、トランスジェンダーで同性愛者・両性

愛者の人もいます。先の例でいえば、身体的性別が男性で性自認が女性のトランスジェンダー（MtF）で女性を好きになる人も当然います。

性的指向と性自認（性同一性）は別次元の概念であることをしっかり理解しましょう。

(2) 同性愛者・両性愛者の抱える問題とトランスジェンダーの抱える問題には違いがある

性的指向と性自認（性同一性）は別次元の概念ですから、性的指向に関わる同性愛・両性愛の人たちが抱える苦悩や問題とトランスジェンダーの人たちが抱える苦悩や問題には、共通点もありますが違いも多いことを理解しましょう。

以下では、同性愛者・両性愛者の問題とトランスジェンダーの問題を個別に見ていきます。

3 同性愛者・両性愛者の権利問題

(1) 同性愛・両性愛は性的指向として「自然」なもの

大前提として理解しなければならないのは、①性的指向は本人の意思で決定できない／選べないものであること、②同性愛は異常でも不自然でもないということです。

① 性的指向は本人の意思で決定できない／選べない

従来、同性愛は性的「嗜好」（趣味）だと誤解されてきました。同性愛・両性愛をセックス（性行為）だけの問題であるとし、同性とのセックスを好む人、性的趣味として同性とセックスをする人として位置づけていたといえます。

もちろん、性的指向は恋愛対象・性的関心に関わることですからセックスと切り離すことはできません。しかし、セックスだけの問題と捉えるのは誤りです。

異性愛者は趣味として異性とセックスをするのではありません。異性愛者は恋愛（性的）対象として異性を選択[8]しているわけではありません。異性愛者は努力して同性愛になることはできません。

これとまったく同様に、同性愛者は趣味として同性とセックスするのではなく、恋愛（性的）対象として同性を選択しているのではなく、努力して異性愛になることはできません。

異性愛と同様に、同性愛・両性愛等は自分の意思とは無関係に「気づいたらそうだった」ということなのです。

---

[8] ここでの「選択」とは他の選びうる選択肢の中から自分の意思で選ぶという意味であり、異性と同性とどちらも選べるところで自分の意思で選ぶということを意味します。

② 同性愛は異常でも不自然でもない

国際的には、主に宗教上の理由から、同性愛を異常・不自然・異端とする強い差別意識が歴史的にありました。地域によっては同性愛者への国家的差別・迫害が現在でも続いています。

このような差別意識を背景として、過去、同性愛は精神的な病気と位置づけられていた時期がありました。

しかし、現在、欧米を中心とした国際社会において、同性愛者に対するこのような考え方は誤りであるという認識が共有されています。

同性愛は精神的な病気ではないという認識は世界的に確立されています。精神医学界の権威である「精神障害判断基準」（DSM／Diagnostic and Statistical Manual of Mental Disorders）では、1973年に同性愛そのものは診断対象ではないとして疾患から削除され、1990年には同性愛の項目も削除されました。また、同年、世界保健機関（WHO）による「国際疾病分類」（ICD／International Classification of Diseases and Related Health Problems）からも同性愛の項目が削除され、「同性愛は治療の対象にはならない」と付記されました。日本でも、当時の厚生省が1990年のWHOの見解を採用しています。

また、同性愛は生物学上も異常ではないとされています。生物学上、同性愛行動をとる動物は人間以外にも人間に近い類人猿（ゴリラやボノボ等）を含め多く（約1500種）観察されています[9]。

---

[9] LGBT法連合会ウェブサイト「一連の差別発言に対する見解と、関連するQ&A」（2015.12.24）http://lgbtetc.jp/news/223/

(2) 世界における同性愛者・両性愛者の権利問題

i 欧米諸国におけるソドミー法の撤廃

　国際的には、特に宗教上の背景から、同性愛を異常・不自然・異端とする強い差別意識が歴史的にあり、同性愛行為を刑事処罰する法律（ソドミー法）を規定している国が多数ありました。

　これに対しては、1980年代にヨーロッパ人権裁判所がヨーロッパ人権条約8条違反と判断したのをはじめ、1994年には国連自由権規約委員会が人権侵害であると判断して以降、ソドミー法は国際人権法に違反するとの見解が確立し[10]、欧米等の多くの国ではソドミー法が廃止されています。

ii 国際人権法上の動き

　欧米諸国ではソドミー法の廃止が進みましたが、全世界に目を向ければ、現在でもソドミー法を維持している国が相当数残っています。2015年時点で、世界約190か国のうち83か国において合意に基づく同性愛行為が違法とされ、そのうち5か国（イラン、モーリタニア、サウジアラビア、スーダン、イエメン）とソマリア、ナイジェリアの一部では死刑が規定されています[11]。

　このように全世界的には同性愛者に対する深刻な人権侵害は継続しており、これを解消すべく国連は各種の取組みを続けています。

---

[10] 谷口洋幸「国際人権法における性的指向・性自認の人権」『自由と正義』67巻8号（日本弁護士連合会、2016年）p.15-19。
[11] 共生社会をつくるセクシュアル・マイノリティ支援全国ネットワーク監修・編集『セクシュアル・マイノリティ白書　2015』（つなかんぱにー、2015年）。

【国際社会の主な取組み】
■ 2006年「ジョグジャカルタ原則」（「性的指向及び性自認に関する国際人権法の適用に関する原則」） 　人びとに対する暴力や虐待、差別を根絶し、平等を確保するために、政府やその他の主体がどのように取り組むべきかに関する法的基準を示すものであり、世界各地の政策や裁判などでも活用されている。同原則は、国連や国家によって採択されたのではなく、専門家が作成・署名した私的な文書ではあるものの、署名者には国連の人権に関連する特別報告者や条約委員会の委員らが名を連ねており、一定の権威ないし解釈論としての正統性が認められている[12]。
■ 2011年人権理事会決議「人権と性的指向と性自認」[13] 　「世界人権宣言が、全ての人間は、生まれながらにして自由であり、かつ尊厳と権利とにおいて平等であることを確認し」、「世界の全ての地域において、性的指向およびジェンダー同一性を理由として個人に対して行われる暴力と差別の全ての行為に重大な懸念を表明」
■ 2012年「Free & Equal」[14] 　性的指向及び性自認に関する人権啓発キャンペーンを実施

(3) 日本における同性愛者・両性愛者の権利問題

　日本には同性愛者を刑事処罰するためのソドミー法が制定されていたことはありませんでした。それでは、日本では同性愛者・両性愛者の権利（人権）が尊重されてきたかというと、そうではありません。

---

[12] 前掲注10。
[13] http://www.unic.or.jp/files/a_hrc_res_17_19.pdf
[14] https://www.unfe.org

日本では、国の法律で同性愛者・両性愛者を想定しているものはありません（本書執筆現在）。つまり、日本では同性愛者・両性愛者は法的にいないものとされているのに等しいといえるでしょう。

　国際的には、性的指向及び性自認を理由とした差別を禁止する法律を制定している国も増えており（2014年時点で70か国[15]）、また、同性パートナーシップを法的に承認する制度も拡大する潮流にあります。

　日本でも、同性愛者・両性愛者の権利擁護に結びつく法制度の制定を一刻も早く実現すべきでしょう[16]。

　他方、2010年代以降、同性愛者・両性愛者の権利擁護を図る行政の施策が少しずつ進みつつあります。

【主な行政施策】
第三次男女共同参画基本計画（2010年12月）において、「性的指向を理由として困難な状況に置かれている場合や性同一性障害などを有する人々については、人権尊重の観点から配慮が必要である」と明記
自殺総合対策大綱の改定（2012年8月）において、同性愛者・両性愛者を含む性的マイノリティを対象とした自殺対策を明記

15　前掲注11。
16　地方自治体では性的指向及び性自認を理由とした差別を禁止する内容の条例を制定している自治体が複数存在し、この流れは広がりつつある。「文京区男女平等参画推進条例」（2013年11月施行）、「多摩市女と男の平等参画と推進する条例」（2014年1月施行）など。

男女雇用機会均等法「事業主が職場における性的な言動に起因する問題に関して雇用管理上講ずべき措置についての指針」の改正により（2013年）、全ての事業主の措置義務として「同性間セクハラ」を明記
文部科学省初等中等教育局「性同一性障害に係る児童生徒に対するきめ細やかな対応の実施等について」（2015年）において、同性愛者・両性愛者を含む性的マイノリティを支援対象と明記

4 同性パートナーシップの権利保障

(1) 家族形成が社会に承認されることの重要さ

　性的指向は、人を好きになることに密接に関わるものであり、特定の人との親密な交際関係や家族形成を度外視することはできません。

　特定の人を好きになり、交際をし、カップル・家族になることは、人の基本的欲求です。

　また、カップル・家族として社会から承認されることもとても重要な点です。人が、社会から孤立したカップル・家族を求めるのは通常考えにくいでしょう。

　社会の仕組みも、カップル・家族を前提にしているものが多くあります。パートナーシップを法的に保護する婚姻をはじめとし、カップルや家族を前提とした社会の仕組みとそれに基づくメリットはたくさんあります（例えば、相続、扶養、税制度等）。

　社会の仕組みの中でカップル・家族が一つの単位とされていることは、社会と社会を構成する個人個人が、カップル・家族を価値ある大切な存在と考えていることを裏付けているといえます。

　そして、自由な意思で選んだ特定の人とカップル・家族となって社会に承認されるのを求める気持ちは、異性カップルも同性カップルも変わりがありません。

　しかし、同性カップルの場合、パートナーシップの権利保障が整備されていないため、同性愛者は様々な不利益に直面することになるのです。

(2) 海外の動き

同性パートナーシップを法的に保障する制度が、欧米諸国を中心に広がっています。法的保障の形態はいくつかあり、大きく分けて、男女間の婚姻をそのまま同性同士にも広げたもの（いわゆる「同性婚」）とそれ以外（いわゆる「登録パートナーシップ型」）に分けられます。

【「同性婚」が法的に保障されている国】[17]
オランダ、ベルギー、スペイン、ノルウェー、スウェーデン、ポルトガル、アイスランド、デンマーク、フランス、南アフリカ、アルゼンチン、カナダ、ニュージーランド、ウルグアイ、イギリス、ブラジル、米国、メキシコ、ルクセンブルク、アイルランド、グリーンランド（デンマーク自治領）、エストニア、コロンビア、フィンランド（2017年より）

【「登録パートナーシップ型」の法制度のある国】[18]
フィンランド、グリーンランド、ドイツ、ルクセンブルク、イタリア、サンマリノ、アンドラ、スロベニア、スイス、リヒテンシュタイン、チェコ、アイルランド、コロンビア、ベネズエラ、エクアドル、オーストラリア、イスラエル、ハンガリー、オーストリア、クロアチア、ギリシャ、マン諸島（英王室属領）、ジャージー諸島（英王室属領）、ジブラルタル（英国領）、マルタ、エストニア
※デンマーク、スウェーデン、ノルウェーにおいては登録パートナーシップ制度にあるカップルが同制度にとどまることは可能だが、新規にパートナーシップを登録することは不可。

---

[17] EMA日本のウェブサイト（http://emajapan.org/promssm/）「世界の同性婚」。
[18] 前掲注17。

(3) 日本の場合
i 地方自治体の動き

現状日本では、残念ながら、国の法制度としての「同性婚」や「登録パートナーシップ制度」は整備されていません。

もっとも、2015年以降、地方自治体において同性パートナーシップを承認する制度を導入する動きが広がっています。

これらの制度は、婚姻のような便益を法的権利として付与するものではありません。しかし、「社会的承認」の効果を一定程度持つものといえます。その証拠として、2015年の東京都渋谷区の「パートナーシップ証明」発表以後、飛躍的に「LGBT」という言葉がメディアを中心に広まり、社会に定着しつつあります。

■東京都渋谷区

「渋谷区男女平等及び多様性を尊重する社会を推進する条例」を制定（2015年3月）。一定の要件を満たす場合に区長が「パートナーシップ証明」を行うことができると定めています。区民及び事業者は、その社会活動の中でパートナーシップ証明に「最大限配慮」しなければならないとされています。

■東京都世田谷区

同性カップルによるパートナーシップ宣誓に対して受領証を交付するための要綱を制定（2015年7月）

■三重県伊賀市

同性カップルによるパートナーシップ宣誓に対して受領証を交付するための要綱を制定（2016年2月）

■兵庫県宝塚市

同性カップルによるパートナーシップ宣誓に対して受領証を交付

するための要綱を制定（2016年5月）

■沖縄県那覇市

同性カップルによる申請に基づき市がパートナーシップ登録簿へ登録を行うとともに登録を受けたカップルに対し那覇市パートナーシップ登録証明書を交付する要綱を制定（2016年7月）

ii 「同性婚」保障を求める動き

地方自治体において同性パートナーシップの権利保障が進むのは喜ばしいことですが、地方自治体による条例や要綱による同性パートナーシップの証明又は受領証の発行は、同性婚を認める法律と同じ法的効果を有するものではありません。国民全体に等しく同性パートナーシップの権利保障をするには、国レベルでの法制度が必要です。

EMA日本、特別配偶者法全国ネットワーク（パートナー法ネット）といった民間団体が、「同性婚」ないし「登録パートナーシップ制度」の法制度化を求めて政治家に働きかける活動をしています。

また、2015年、全国の455人が申立人となり、日本弁護士連合会に対し同性婚の法制化を求める人権救済申立てを行いました[19]。本書執筆時点においては、同人権救済申立てに対する日弁連の判断は出されていません。

iii 「同性婚」と日本国憲法24条1項

「同性婚は日本国憲法24条1項に抵触するのではないか」ということがいわれることがあります。しかし、この考えは、一番大切な憲法24条の趣旨を軽視したものであり、誤りと考えます。

---

[19] 同性婚人権救済弁護団ウェブサイト（douseikon.net）参照。

> 第 24 条　婚姻は、両性の合意のみに基いて成立し、夫婦が同等の権利を有することを基本として、相互の協力により、維持されなければならない。
> 2　配偶者の選択、財産権、相続、住居の選定、離婚並びに婚姻及び家族に関するその他の事項に関しては、法律は、個人の尊厳と両性の本質的平等に立脚して、制定されなければならない。

　憲法24条は、明治憲法下の「家」制度を否定することを核心とする規定です[20]。

　「家」制度とは、戸主と家族から構成され、戸主は家族の身分行為に対する同意権（婚姻も戸主の同意が必要とされていた）、その違反に対して制裁をする権利等、家族を統制する広範な権利を有するとされていました[21]。また、家の財産は長男子だけが相続する（家督相続）とされるとともに、妻の財産取引上の無能力を定める等、強固に男女差別的な仕組みでした[22]。

　戦後に制定された日本国憲法は個人の尊重を掲げていますから、「家」制度をそのままにしておくことはできません。そこで、法の下の平等・個人の尊重を家庭にも及ぼして「家」制度を廃止するために、憲法24条が定められたのです。その意味で、「両当事者」といった性別中立的な文言でなく「両性」という文言が使用されたのは、「夫婦が同等の権利を有することを基本として」という文言に対応するものとして、女性と男性が同等の地位であることを明確

---

[20] 渡辺康行・宍戸常寿・松本和彦・工藤達朗著『憲法Ⅰ　基本権』（日本評論社、2016年）。
[21] 前掲注20。
[22] 前掲注20。

化するためにあえて使用されたとも解釈できます。

　このように、「家」制度の否定を核心的趣旨とすることからすれば、憲法24条1項が男女の婚姻しか認めない、すなわち同性婚を禁止した規定と読むのはあまりに不合理です。

　したがって、憲法24条1項は、同性婚を禁止していないため、同性婚の法制度化が憲法24条1項に抵触することはないのです。

　夫婦同氏規定判決（最大判平成27年12月16日民集69巻8号2586頁）も、憲法24条1項の趣旨について「婚姻をするかどうか、いつ誰と婚姻をするかについては、当事者間の自由かつ平等な意思決定に委ねられるべきであるという趣旨を明らかにしたものと解される」と判示しました。

　ここでは、「男女間の合意」といった言葉が避けられ、「当事者間」という用語が選択されています。これは、最高裁が憲法24条1項は同性婚を禁止していないとの解釈を示したものと理解すべきです[23]。

---

[23] 木村草太「夫婦同姓合憲判決の意味」『自由と正義』67巻6号（日本弁護士連合会、2016年）p.110-117。

5　トランスジェンダーの権利問題

(1)　性同一性障害者の性別の取扱いの特例に関する法律（特例法／2003年成立、2011年最終改正）

特例法の成立により、トランスジェンダーのうち同法の要件を満たす者は、家庭裁判所の審判により法令上の性別の取扱いと戸籍上の性別の記載の変更が認められるようになりました。しかし、同法の要件が諸外国の制度に照らして厳格すぎるという批判も強くあります。

【性別の取扱い変更の要件】

① 2人以上の専門医師により「性同一性障害者」であるとの診断があること
② 20歳以上であること
③ 現に婚姻をしていないこと
④ 現に未成年の子がいないこと
⑤ 生殖腺がないこと又は生殖腺の機能を永続的に欠く状態にあること
⑥ その身体について他の性別に係る身体の性器に係る部分に近似する外観を備えていること

---

(2)　特例法の問題点

i　「現に婚姻していないこと」

この要件は、婚姻をしている性同一性障害者について性別の取扱いの変更を認めた場合には、同性同士の婚姻が生じてしまうことを考慮したものとされています[24・25]。婚姻している人が性別の取扱

24　南野知惠子監修『「解説」性同一性障害者性別取扱特例法』（日本加除出版、2004年）。
25　前掲注20。

いの変更を求める場合は、離婚をしなければなりません。しかしながら、本来、性別の取扱いの変更によって自認する性で生きるかどうかということと、既にある婚姻関係を継続するか否かということは、いずれも個人の自己決定に属する事柄です。それにもかかわらず、いずれか一つの選択を余儀なくさせるこの要件は、性同一性障害者の婚姻の自由（憲法24条1項）や自己決定権（憲法13条）を不当に制限するものではないかとの疑問が残ります。

ii 「現に未成年の子がいないこと」

この要件は、本制度が親子関係などの家族秩序に混乱を生じさせ、あるいは子の福祉に影響を及ぼすことになりかねないことを懸念する議論に配慮して設けられたものと解されています[26]。しかしながら、親の性別取扱い変更により家族秩序の混乱や子の福祉への影響が生じる可能性について客観的な合理的根拠が認められるか疑問です。

iii 「生殖腺がないこと又は生殖腺の機能を永続的に欠く状態にあること」、「その身体について他の性別に係る身体の性器に係る部分に近似する外観を備えていること」（手術要件）

これらの要件は、本人に性別適合手術[27]を求める要件です。身体に重大な変更を及ぼし健康面に大きな負担をかける手術を、性別に違和感があり性別の取扱いの変更を望むトランスジェンダーの全てが望むわけではありません。その意味でこの要件も大きな疑問が

---

[26] 前掲注24。
[27] 性別適合手術はかつて「性転換手術」といわれることがありましたが誤解や偏見を導く可能性があるので使用すべきではありません。性を変更するのではなく自認する性に身体を合わせるためのものですから「性別適合手術」が正確な言葉です。

残ります。なお、諸外国では手術要件を撤廃する動きが続いています（以下の表を参照）。

【諸外国の性別取扱い変更の要件】

イギリス	2004年立法	希望する性別での1年以上の生活経験を求める。ホルモン療法や手術は要件とされていない。
オーストリア	2006年司法判断	憲法裁判所が、婚姻解消が求められることを違憲と判断。
スペイン	2007年立法	身体的特徴の変化を目的とする治療を2年以上受けていることが求められる。手術は要件とされていない。
ドイツ	2007年司法判断	連邦憲法裁判所が、婚姻解消が求められることを違憲と判断。
オーストリア	2009年司法判断	行政裁判所が、性別変更にあたって性別適合手術は必須の要件ではないと判断。
ウルグアイ	2009年立法	2年以上性別違和が続いていることが明らかにされれば、性別適合手術は必須ではない。
ドイツ	2011年立法	連邦憲法裁判所が、生殖能力の喪失と手術を求める要件を違憲と判断。
ポルトガル	2011年立法	性別違和についての医学的診断が必要とされる。ホルモン療法や手術は必須の要件とされていない。

アルゼンチン	2012年立法	手術、ホルモン療法、精神療法といった医療措置は必要としない。
アイスランド	2012年立法	専門家チームによる診断と観察が必要とされる。手術は必須の要件とはされていない。
スウェーデン	2013年司法判断	行政裁判所が、生殖能力の喪失を求める要件を違憲と判断。
オランダ	2013年立法	法改正により、ホルモン療法や手術を求める要件を撤廃。
フィンランド	2014年司法判断	欧州人権裁判所が、婚姻解消が求められることを追認。ただし、前配偶者とのパートナーシップ登録は可能。
デンマーク	2014年立法	手術、ホルモン療法、精神療法といった医療措置は必要としない。

(出典：共生社会をつくるセクシュアル・マイノリティ支援全国ネットワーク監修・編集『セクシュアル・マイノリティ白書2015』)

(3) トランスジェンダーの全てが特例法による性別の取扱い変更を望むわけではない

　トランジェンダーが直面する問題に対応するにあたって、支援する側が特に留意しなければならないのは、身体的性別と自認する性との間の違和感の程度と違和感への対処の仕方は、個人によって様々であるという点です。

　トランスジェンダーであれば誰でも性別適合手術を望むわけではなく、身体にメスを入れずにホルモン療法による対処で折り合いをつけることができる人も少なくありません。ホルモン療法を求めず

に外観（服装や髪型）の工夫で対処している人もいます。

　また、トランスジェンダーであれば誰でも性別の取扱いの変更を望むとは限りません。家族の心情等に配慮し戸籍変更まで求めようとは思わない人もいます。戸籍等の取扱いの問題と、セクシュアリティの面で自分らしく生きるということは必ずしもリンクするものではなく、自分のセクシュアリティを尊重した生き方が社会的に認められれば戸籍等の取扱いにはこだわらないという人もいます。

　もっとも、性別の取扱いの変更については、特例法の要件が厳しすぎるために、性別の取扱いの変更をしたいができないという人も相当数いるとされています。

　特例法が制定されて以降、「性同一性障害」、「戸籍変更」の認知度は高まりました。これによりトランスジェンダーの認知度が上がったことはよい面でしょう。しかし一方で、理解不足から、性自認に違和感がある人＝性別適合手術を受けて性別の取扱いの変更をすればよい、という誤解を持っている人も多いようです。性別の取扱いの変更をしているトランスジェンダーだけが正しく、それ以外の人は異端であるかのように。しかし、それは誤解であり、性別適合手術と性別の取扱いの変更を望まない人、性別適合手術を受けたくない人／受けられない人という具合に個人によってニーズや事情は異なるのであり、大切なのは、その人の気持ちに寄り添って考えるということなのです。

⑷　「性同一性障害」から「性別違和」へ

　「性同一性障害」という言葉は、アメリカ精神医学会発行の精神障害診断の手引き（DSM）で採用された疾患名です。しかし、2013年に改訂された同手引き（DSM-5）では、「性同一性障害」

という診断名が削除され、代わりに「性別違和」が採用されるようになりました。

「性別違和」とは、「その人により経験または表出されるジェンダーと指定されたジェンダーとの間の不一致に伴う苦痛」を意味するとされています[28・29]。

従来用いられていた「性同一性障害」という用語に比べ、性の同一性自体ではなく、不一致に伴う不快に焦点が当てられています。

---

[28] American Psychiatric Association 編、日本精神神経学会日本語版用語監修、髙橋三郎・大野裕監訳、染矢俊幸ほか訳『DSM-5 精神疾患の診断・統計マニュアル』（医学書院、2014年）。
[29] ここで「ジェンダー」とは、男性又は女性としての社会的役割のことをいい、「ジェンダーの指定」とは、男性又は女性として最初に指定されたことを意味する。

6 セクシュアル・マイノリティは人権の問題だと理解しよう

　特に同性愛・両性愛について、海外と比べて日本は寛容である、差別はないといわれることがあります。

　しかし、それは厳密には誤りです。確かに、日本社会にはこれまでソドミー法（同性愛行為を刑事処罰する法律）はありませんでしたし、近代以前には「男色文化」といわれる男性同士の性愛関係が認知されていたという歴史的・社会的事実はあるでしょう。しかしながら、「男色文化」では、両者の関係性は対等なものではなかったとされており、個人の尊厳と対等性に立脚する自由な関係性とは異なるものと考えられます。他方、近代以前の女性同士の性愛関係については史実上よくわかっていません。

　翻って、セクシュアル・マイノリティは人口の約5％を占める[7]ことからすると、20人に1人はセクシュアル・マイノリティであり、学校のクラスや職場、近隣に必ずセクシュアル・マイノリティがいることになります。それなのに、「私は今までセクシュアル・マイノリティに出会ったことはない」、「私の家族・友だち・知人にセクシュアル・マイノリティはいない」と言う人が多数であるのが実情です[30]。

　これは、セクシュアル・マイノリティの人たちが、差別や偏見を

---

[30] もっとも、このような反応は世代によって差がみられる。20代～30代の若者層はセクシュアル・マイノリティに対する親しみや寛容性が比較的高く、逆に50代以上の熟年層は低い傾向にある。このことは同性婚の法制化に関する調査結果にも表れている。国立社会保障・人口問題研究所による調査（2015年）では同性婚法制化への賛否について、「賛成」「やや賛成」が20代と30代では70％以上だったが、60代は38％、70代は24％だった。

恐れて自らの性的指向や性自認を隠して生きざるをえないからに他なりません。日本社会はセクシュアル・マイノリティに寛容で差別がないのに、セクシュアル・マイノリティの人たちが差別や偏見を過剰に意識してカミングアウトできないのでしょうか。それは違います。

　以下のとおり、日本社会の日常生活のありとあらゆる場面でセクシュアル・マイノリティに対する偏見が流布され、差別的取扱いが残されているのです。

○「ホモネタ・レズネタ」が笑いのネタとしてテレビ、家庭、職場、学校等で公然となされる。「ホモネタ・レズネタ」とは、典型的な女性像・男性像からはみ出している人（例えば、物腰の柔らかな男性や短髪・パンツルックで化粧をしない女性）を「ホモ」「レズ」「オカマ」など侮蔑的にからかうことや、同性同士の恋愛を「気持ち悪い」「異常」などと嫌悪・嘲笑することを言う。「仕草が女っぽくてホモみたい」「結婚しない理由はレズ（ホモ）なんじゃないか」等

　　「ホモ」「レズ」「オカマ」「オナベ」「オトコオンナ」「オネエ」等は、セクシュアル・マイノリティを侮蔑する文脈で用いられてきたという社会的事実があり、多くのセクシュアル・マイノリティが不快に感じることが多いので、無神経に使用すべきではありません。
　　正しくは、「ゲイ」「レズビアン」「バイセクシュアル」「トランスジェンダー（トランス）」です。

○セクシュアル・マイノリティについての肯定的なロールモデルがメディアにも身近にもいない。テレビは一日中「異性愛中心主義」の

放送である。例えば、ドラマは異性愛前提で、恋愛についての質問は本人と反対の性を前提に「彼氏（彼女）はいるんですか？」。「異性愛中心主義」の話題は、家庭や職場、学校、友人においても当然にある。また、セクシュアル・マイノリティの親の多くは性的多数者である点が民族差別等と異なる点である。他のマイノリティ差別、例えば、人種差別、外国人差別、被差別部落差別等においては家族全員が同じ立場であることが多いが、セクシュアル・マイノリティの場合本人だけがマイノリティ当事者の場合が多く、家庭内でも理解を得られず孤独の場合が多い。

○同性愛者は異性愛者が当然利用できる法制度や社会サービスを利用できないことが多い。同性愛者を想定・包摂した国レベルの法制度は現状なく、例えば、婚姻できない、婚姻に伴う相続制度を利用できない、DV防止法の保護命令制度や家事調停を利用できない可能性が高いといったことが挙げられる。民間サービスも似た状況であり、例えば、住宅ローンの「ペアローン」等を利用できないことも多い。もっとも近時、同性愛者を包摂した施策を整備する地方自治体[31]や民間企業が増えつつあり、今後が期待される。

○このような現状のため、カミングアウト（自らの性的指向や性自認を他者に明らかにすること）して生活をすることにポジティブなイメージを持つことができない。カミングアウトをすれば自分も笑いや嫌悪の対象として扱われるとのおそれが非常に強い。

○そのため結局カミングアウトせず（できず）、セクシュアル・マイノリティではない自分とセクシュアル・マイノリティである自分という二重生活を余儀なくされている人が多い。世間体や職場

---

[31] 東京都渋谷区の同性パートナーシップ証明制度及び東京都世田谷区の同性パートナーシップ宣誓に対する受領書発行制度等。

> における信用の問題から、ゲイとレズビアンが「友情結婚」[32] を選択する例も少なからずある。

　このように、日本社会にもセクシュアル・マイノリティに対する偏見・差別は厳然としてあることを認識しなければなりません。
　そのうえで、性的指向及び性自認に関する問題は人権課題であると理解する必要があります。
　性的指向及び性自認を尊重される権利・自由（法的利益）は、人が個性を持った個人として人格的に生きていくうえで不可欠な利益ですから個人の尊厳に直結します。したがって、日本国憲法13条の定める個人の尊重、幸福追求権の一内容として保障されます。
　また、性的指向及び性自認は、社会的に一時的ではなく占めている地位で、本人の意思では変更できない問題ですので、日本国憲法14条1項後段列挙事由の「社会的身分」に該当し[33]、性的指向及び性自認を理由とした不合理な差別は憲法に照らし許されません。
　本書各論のＱ＆Ａや本書に掲載しきれていないセクシュアル・マイノリティが直面する困難の対処にあたっては、「人権の問題である」ということを念頭に置いて考えるようにしてください。

---

[32] 友情結婚については、戸籍上だけの婚姻の例もあるが、生活の本拠を共にする例や、別居であってもお互い積極的に交流する等して「家族」関係を築いている例もあるので、一概に否定的に捉えないよう注意すべきである。
[33] 前掲注20。

コラム　レズビアン弁護士の地方小都市暮らし

　東京で弁護士をしていましたが、数年前に地方の小さな市に移り、引き続き弁護士をしています。

　これまで暮らしてきたところはずっとかなり都会でした。混雑する電車は鬱陶しいけれど車はなくても十分暮らせて、簡単に匿名になれる。レズビアンバーも何軒もある。

　それが、引っ越しにより車は必須。満員電車がないというかそもそも電車が走っていない。だいたい周りは、知り合いか、知り合いの知り合い。最寄りのレズビアンバーまでは車で往復6時間以上で、1日がかり。すっかり環境が変わりました。

　東京ではほとんど訊かれることがなかった「結婚してるんですか？」といった質問をされることはしょっちゅうです。法律相談に親など親族が同席することは珍しくなく、それどころか、本人抜きで当たり前のように相談をしようとされることさえあります。市の広報には、先月結婚したカップルの名前が載っています。異性愛当たり前のプライバシーのない環境。食べ物は美味しいし、風景はきれいだし、よいところはいっぱいですが、ここで、同性を愛することを隠さずに生きていくのは大変です。この場所にも同性を愛する人はいますが、表面には出てきません。

　東京などの都会では、同性同士のカップルと思われる2人をまちなかで見かけることや、友達にゲイなど同性を好きになる人がいることは、珍しくなくなってきているのではないで

しょうか。

　しかし、東京でもオープンにできない人はいますし、地方ではその比率はより高いでしょう。オープンにしていない人と出会うことは、その人がクローゼットであればあるほど難しく、また、オープンな人の周りにいるのは、程度の差はあれオープンな人であることが多いです。したがって、オープンにしていない人の気持ちを知ることは意識しておかないと難しく、忘れがちです。このことを心に強くとめておくようになったことは、ここで暮らすようになって得られた大事なことの一つです。

　誰もが都会でなくても自分らしく生きられるように、都市部で暮らす人には、都市部以外で生きているセクシュアル・マイノリティの状況も意識してほしいと思います。

第2章

各　論

1　トランスジェンダーが直面する問題

(1)　性別の取扱いの変更の要件

　私は戸籍上の性別に違和感があり、戸籍上の性別を変更したいと考えています。どのような条件がそろえば変更が認められるのでしょうか。

> A1　性同一性障害者の性別の取扱いの特例に関する法律（いわゆる特例法）に要件が定められています。

　まず、特例法2条に「性同一性障害者」の定義があります。
① 生物学的には性別が明らかであるにもかかわらず、心理的にはそれとは別の性別であるとの持続的な確信を持っていること。
② 自己を身体的及び社会的に他の性別に適合させようとする意思を有する者であること。
③ 以上のことについてその診断を的確に行うために必要な知識及び経験を有する2人以上の医師の一般に認められている医学的知見に基づき行う診断が一致していること。

　以上①～③の要件を全て満たす人が「性同一性障害者」とされています。
　次に、特例法3条に、「性同一性障害者であって」、次の各号のいずれにも該当する者について、その者の請求により、家庭裁判所

が性別の取扱いの変更の審判をすることができる、と規定されています。

① 20歳以上であること。
② 現に婚姻をしていないこと。
③ 現に未成年の子がいないこと。
④ 生殖腺がないこと又は生殖腺の機能を永続的に欠く状態にあること。
⑤ その身体について他の性別に係る身体の性器に係る部分に近似する外観を備えていること。

以上から、特例法2条の「性同一障害者」に該当し、さらに同法3条の要件を全て満たすことが、性別取扱いの変更の条件となります。

Q2 事実婚をしている場合、「現に婚姻をしていないこと」という要件を満たしますか。

A2 ここでいう「婚姻」は、届出により成立する法律婚をいい、事実婚はこれに該当しないとされています。なお、「現に」婚姻をしていないというのは、審判の際に婚姻をしていないという意味です。

婚外子や養子がいる場合、「現に未成年の子がいないこと」という要件を満たしますか。

> A3　「子」とは、民法上の親子関係が存在する子を意味しますので、同一戸籍にない子や婚外子であっても、「子」に該当します。養子縁組により民法上の親子関係が生じている場合にも、「子」に該当します。

「生殖腺がないこと又は生殖腺の機能を永続的に欠く状態にあること」という要件は、どの程度の状態であれば満たしますか。

> A4　「生殖腺がないこと」とは、性別適合手術により生殖腺が除去されている場合のみならず、何らかの原因により生殖腺が存在しないことをいうとされています。また、「生殖腺の機能を永続的に欠く状態にあること」とは、生殖腺は存在するものの、抗がん剤の投与やX線照射等によって、その機能全般が永続的に失われていることをいいます。

なお、「永続的に欠く状態」が必要なので、母体保護法の不妊手術等により単に生殖不能の状態にあるのみでは、この要件は満たさないと考えられています。

Q5 「その身体について他の性別に係る身体の性器に係る部分に近似する外観を備えていること」という要件は、どの程度の状態であれば満たしますか。

> A5 身体の一部として、他の性別に係る外性器に近似するものがある場合などを指します。しかし、必ずしも他の性別に係る外性器に近似するものそのものが備わっている必要はなく、その身体について他の性別に係る身体の外性器に係る部分に近しい外見を有していることでも足りるとされています。

　例えば、FtMの性別適合手術であれば、ミニペニス方式（陰核の腹側の索条物を外して、上方へ翻転させ、ミニペニスとするもの）も排除されるものではないとされています。また、MtFであれば、ペニス、精巣の切除などが考えられます。

(2) 性別の取扱いの変更の手続

　　性別の取扱い変更の申立てにはどのような書類が必要で、費用はどのくらいかかりますか。

> A6　申立ては、申立人の住所地の家庭裁判所に対して、①申立書、②申立人の出生から現在までの戸籍謄本（3か月以内）及び③2人以上の医師による診断書を提出することにより行います。
> 　申立てには、収入印紙800円分と連絡用郵便切手が必要です。

　東京家庭裁判所本庁の場合、連絡用郵便切手は、500円×2枚、82円×6枚、52円×1枚、20円×1枚、10円×7枚 合計1,634円分となっています（本書執筆時現在）。

　　提出しなければならない医師の診断書には、どんなことが記載されるのでしょうか。

> A7　①住所、氏名及び生年月日、②生物学的な性別及びその判定の根拠、③家庭環境、生活歴及び現病歴、④生物学的な性別としての社会的な適合状況、⑤心理的には生物学的な性別とは別

の性別であるとの持続的な確信を持ち、かつ、自己を身体的及び社会的に他の性別に適合させようとする意思を有すること並びにその判定の根拠、⑥医療機関における受診歴並びに治療の経過及び結果、⑦他の性別としての身体的及び社会的な適合状況、⑧診断書の作成年月日、⑨その他参考となる事項が記載されます。診断書を作成した医師は、診断書に記名押印又は署名をする必要があります。

Q8 申立書を提出した後、どのような流れになりますか。

A8 家庭裁判所に申立書や必要書類を提出した後、場合によっては、家庭裁判所調査官による調査や家事審判官（裁判官）による審尋（当事者その他の者から意見などを聴くこと）が行われます。

　裁判官から聴かれることは人それぞれですが、多くの人が「戸籍上の性別を変更すると、元に戻すことが難しいですが、それでも構いませんか」とか、「戸籍上の性別を女性に変更すると、女性とは結婚できなくなりますが、それでもよいですか」（女性から男性のケースではこの反対）ということを聴かれているようです。審判が出るまでの期間としては、約1か月が目安です（東京家庭裁判所

の場合)。

　申立てを却下する審判に対しては、申立人は、2週間以内に高等裁判所に即時抗告をすることができます（家事事件手続法232条3項）。なお、申立ては何度でも繰り返して行うことができます。

(3) 性別の取扱いの変更の効果

 性別の取扱いの変更が認められると、どのような効果がありますか。

> A9　特例法4条1項により、民法その他の法令の規定の適用については、法律に別段の定めがある場合を除き、その性別につき他の性別に変わったものとみなされます。

　例えば、戸籍上の男性であった人が、戸籍上の女性への性別の取扱い変更を認められた場合は、戸籍上の男性との婚姻ができるようになり、婚姻届が役所において受理されることとなります。

　ただし、同法4条2項により、法律に別段の定めがある場合を除き、性別の取扱いの変更の審判前に生じた身分関係及び権利義務関係に影響を及ぼすものではないとされています。したがって、性別の取扱い変更前の戸籍上の性別に基づき締結された契約関係（例えば、戸籍上の女性として女子大学に入学した者が、入学後に性別の取扱い変更を行って戸籍上男性になった場合の在学契約）には原則的に影響がないことになります。また、身分関係の例として、妻であった、夫であったという身分には影響はなく、例えば妻であったという身分に基づいて給付を受けている場合には、引き続きその給付を受けることが可能です。

Q10 性別の取扱いの変更が認められた場合、戸籍はどうなりますか。

A10 性別の取扱い変更の審判が出ると、裁判所書記官が嘱託手続を行い、戸籍の記載が変更されます。

　本人が届出を行う必要はありません。申立人を筆頭者とする新戸籍が編製され（ただし、申立人単独の戸籍の場合は、新戸籍は編製されません）、父母との続柄欄には取扱い変更後の性別に基づく続柄が記載されることになります。

　なお、従前の戸籍の他の兄弟等の父母との続柄欄は訂正されません。また、転籍しない限り、「従前の記録　父母との続柄」が記載され、転籍しても、「平成 15 年法律第 111 号 3 条」の欄は移記されてしまうのが現在の取扱いとなっています。すなわち、性別の取扱い変更があったことについて、戸籍上に記録が残ることになります。

Q11 性別の取扱いの変更が認められた場合、住民票、健康保険証、パスポート、運転免許証、住基カードの記載はどのようになりますか。

A11 住民票や国民健康保険証の表記は自動的に変更されま

> す。他方、会社勤務の人は、各々の会社の社会保険を扱う部署に出向き、事情を説明して、部署担当者から社会保険事務所へ連絡してもらって、保険証の表記を変更してもらうのが一般的です。

　パスポート上の性別を変更する場合は、新しく作り直す必要があり、窓口で「性別の取扱い変更による訂正の新規申請」と告げる必要があります。その際、性別の取扱い変更が記載された戸籍謄本・抄本のほか、新しくパスポートを作成する際の一般的な書類も準備する必要があります。
　運転免許証には性別欄がないものの、免許センターの原簿にはあるため、居住地の警察署に出向いて所定の用紙に必須事項を記入した後、変えてもらう必要があります。
　住基カード上の記載についても、性別の取扱いを変更してもらうためには市町村窓口に対する申請が必要です。

(4) 名前の変更

 戸籍上の性別変更と同時に名前の変更も行うことができますか。

> A12　名前を変更したい場合には、別途、家庭裁判所に名の変更許可の申立てを行う必要があります。

　改名しようとする名前での使用実績を示す証拠（例えば、その名前での郵便物や会員証など）や、性同一性障害という診断書を提出すると認められやすいと思われます。調査官による調査が行われることもあります。

　名の変更の許可審判が出た場合、戸籍には「名の変更届出」があった旨が記載されます。転籍がなされても、変更した事実は記載されます。

　申立てを却下する審判に対しては、即時抗告をすることができます（家事事件手続法231条2号）。

(5) トランスジェンダーとトイレ利用

私はMtFのトランスジェンダーですが、戸籍上の性別は男性のままです。女性用の公衆トイレを利用できますか。

> A 13　性自認に基づく性別に従って利用することが、本来可能であって然るべきだと思われます。しかしながら、トラブルの事前防止という観点からは、いわゆる「誰でもトイレ」を利用することが考えられます。

　性別については、身体の性別と心の性別がありますので、性自認に基づく性別に従って利用することが、本来可能であって然るべきだと思われます。しかしながら、性別適合手術やホルモン投与をしておらず、見かけ上の性別と自認する性別との間に差がある場合には、他の利用者との軋轢が生じる可能性が高く、「痴漢や盗撮目的の侵入者」と間違われるリスクもあります。

　自認する性別と外見に差がある場合、トラブルの事前防止という観点からは、いわゆる「誰でもトイレ」を利用することが考えられます。

　ただ、どうしても性自認のとおりに利用したい場合には、第三者に説明できるように、例えば、診断書を携行することが考えられます。もっとも、このような自己防衛のためにあえて性同一性障害との診断を受けることに抵抗がある方もいるでしょう。法整備が不十

分な中で、手探りでしか対応できないのが現状であり、非常に難しい問題です。

　なお、公的施設の場合、「誰でもトイレ」や男性用トイレの個室を増やすことなどについて、行政機関等に要望を出すことは有益かもしれません。また、私的施設であっても、駅など公共性が特に高い施設の場合は、施設管理者に要望を伝えることで改善される可能性はあると考えられます。

(6) トランスジェンダーと賃貸借契約の性別欄

 私はFtMのトランスジェンダーですが、戸籍上の性別は女性のままです。マンションを借りるときに、賃貸借契約書その他の要求される用紙の性別欄に男性と記載したいのですが、契約の効力への影響はありますか。

> A14 賃貸借契約の際に戸籍上の性別と異なる性別を契約書に記載することが、契約の効力へ影響を与える可能性は低いと考えられます。ただし、例えば女性専用マンションや男性専用寮など、貸主が戸籍上の性別を重視していると考えられる場合は、問題となる可能性があります。

　賃貸借契約などの民事上の契約については、契約にあたって申告した重要な事実が真実と異なる場合には、契約が取消しになったり無効になったりする可能性があります。
　例えば、賃貸借契約では、毎月の家賃を支払う能力が賃借人にあるかどうかは契約上重要な要素であるため、契約の際に本当は無職なのに会社勤務であると申告していた場合には、詐欺として契約が取り消される可能性があります。
　しかし、性別については、身体の性別と心の性別があるので、性自認に基づく性別を記載することが、直ちに虚偽とはいえません。また、一般の住宅の賃貸借契約にあたって、入居者の性別は必ずしも重要な要素とはいえません。したがって、賃貸借契約の際に戸籍

上の性別と異なる性別を契約書に記載することが、契約の効力へ影響を与える可能性は低いと考えられます。ただし、例えば女性専用マンションや男性専用寮など、貸主が戸籍上の性別を重視していると考えられる場合は、問題となる可能性があります。

　なお、賃貸借契約の場合、一般には住民票を提出しなければいけないことが多く、戸籍上の性別を変更していない場合には、説明を求められることがありうることに注意が必要です。

(7) トランスジェンダーと各種証明書の性別欄

 各種証明書（運転免許証、国民健康保険証など）に戸籍上の性別を記載しないことはできませんか。

A 15　運転免許証にはそもそも性別の記載がないため、トランスジェンダーの人が利用できる身分証としては、不快感が少ないものといえるでしょう。一方、健康保険証については、戸籍上の性別が記載されるのが原則ですが、保険者に対して記載の配慮を求めることにより、戸籍上の性別の表面記載を回避することが考えられます。

　健康保険証については、身体の性別によってかかりやすい病気や特有の病気があること等から、戸籍上の性別が記載されるのが原則ですが、平成24年9月21日付け厚生労働省の事務連絡「国民健康保険被保険者証の性別表記について（回答）」の中には、「被保険者から被保険者証の表面に戸籍上の性別を記載してほしくない旨の申し出があり、やむを得ない理由があると保険者が判断した場合は、裏面を含む被保険者証全体として、戸籍上の性別が保険医療機関等で容易に確認できるよう配慮すれば、保険者の判断によって、被保険者証における性別の表記方法を工夫しても差し支えありません。例えば、被保険者証の表面の性別欄は「裏面参照」と記載し、裏面の備考欄に「戸籍上の性別は男（又は女）」と記載すること等が考

えられます」との記載があります。よって、保険者に対して記載の配慮を求めることにより、戸籍上の性別の表面記載を回避することが考えられます。

(8) トランスジェンダーと学校生活

 私はFtMのトランスジェンダーですが、戸籍上の性別は女性で、男女共学の私立高校に在籍しています。最近、女子用の制服を着ているのが苦痛で、学校で男子の制服を着たいと強く感じるようになりました。また、着替えの際には、男子更衣室を使いたいです。どうすればよいでしょうか。

A 16　文部科学省からの通知等を踏まえ、学校に対し、相談をすることが考えられます。

「性同一性障害に係る児童生徒に対するきめ細かな対応の実施等について」と題する通知が、2015年4月30日、文部科学省初等中等教育局児童生徒課長から、国公私立学校を監督する組織に向けて発せられています。

以前から、個別的には先進的な取組みをしてきた学校もありましたが、全体として見ればその割合は高くありませんでした。そこで、学校を監督する文部科学省が統一的な見解を示したものです。この通知には、「性同一性障害に係る児童生徒についてのきめ細かな対応の実施に当たっての具体的な配慮事項等を下記のとおりとりまとめ」とあり、ご質問のトイレや更衣室についての配慮についての実例があったことが紹介されています。この通知をさらに敷衍したものとして、2016年4月1日、教職員を対象にした、「性同一性

障害や性的指向・性自認に係る、児童生徒に対するきめ細かな対応等の実施について（教職員向け）」と題した冊子も文部科学省から発行されています。このような文部科学省の姿勢から、国公私立を問わず、各学校は性別に関する問題を有する児童・生徒に対して、適切な配慮をすることが求められています。

　以上を踏まえ、ご自身や保護者から学校に対して、まずは相談をするのがよいと思われます。

　ただし、文部科学省が通知したからといって、全国のどの学校でも適切な対応ができるわけではありません。学校や担当者にこの問題についての理解が乏しい場合もあり、その場合は逆に学校等をいわば「教育」していく必要もあります。ご質問のような要望を学校側に伝えたが全く対応してくれないといった場合には、弁護士が介入することも有用です。

2 同性パートナーシップ及び任意後見

第三者に私が同性パートナーとパートナーシップ関係にあることをわかりやすく説明するためにはどのような方法がありますか。

A1 同性パートナーとの間でパートナーシップ契約又は任意後見契約を締結しておくことで、同性パートナーとの関係を第三者に示すことができます。また、一部の地方自治体で発行されているパートナーシップ証明も有用です。

(1) 同性カップルのパートナーシップ
ⅰ 当事者間におけるパートナーシップ契約

現在の日本では、同性間での婚姻は認められていません。したがって、同性カップルは法律上の結婚をすることができません。

しかし、同性カップルであっても、法律上の夫婦と同様の権利義務を定める契約を当事者間で締結することによって、法律上の夫婦と類似した関係になることが可能です。この契約をパートナーシップ契約といいます（準婚姻契約などともいいます）。

パートナーシップ契約には、各当事者が互いのパートナーであること、同居義務の有無、費用分担の方法、財産管理の方法、身上監護の委任、貞操義務の有無、遺贈、並びにパートナーシップの解消及び財産分与の方法などを盛り込みます。パートナーシップ契約は、法律上の婚姻と異なり、原則として当事者で自由に内容を定め

ることができます。自分達にとって必要な項目、不要な項目は何かを話し合って二人の共同生活に関する事項を決めます。パートナーシップ契約は当事者間において法的な効力を持つため、不備がないように弁護士などの専門家に相談したり、契約書の作成を依頼したりするのもよいでしょう。

　パートナーシップ契約は口頭のみでも本来有効ですが、後日内容が曖昧になることを防ぐためにも通常は文書の形にして締結します。書式は自由ですが、紛失・偽造などの懸念を払拭するためにも公正証書の形にしておくことが有用です。公正証書は、法務大臣が任命する公証人が公証役場にて作成するため、証拠としての価値が高く信用性があるものとして取り扱われます。また、契約書の原本も公証役場で保管されます。公証役場は各都道府県にあるので、お近くの公証役場を利用するとよいでしょう。

　なお、パートナーシップ契約における注意点ですが、パートナーシップ契約は、契約を締結した同性カップル両当事者間のみでしか法的な効果がなく、病院や介護施設などの第三者に対する拘束力はありません。したがって、同性カップルが第三者に対しパートナーシップ契約を締結していることを主張したとしても、最終的に第三者から理解が得られなければパートナーとして認められない可能性も否定できません。

　しかしながら、公正証書でパートナーシップ契約を締結している場合、第三者に対しても公正証書の謄本を示すことにより、当該カップルがパートナーシップ関係にあることを証明することができます。公正証書という信用性のある手段によってパートナーシップ契約を締結しているため、当該カップルは本当にお互いをパートナー

として認識していることを伝えやすく、第三者はパートナーシップ契約に拘束力がないことを理由に直ちに当該カップルを単なる他人同士として突き放すのは難しいと思われます。少なくとも、公正証書でパートナーシップ契約を締結しておくことは、自分達のパートナーシップ関係を周囲から尊重してもらうための有効な手段の一つとなります。

ii 地方自治体における同性パートナーシップ証明

地方自治体において、同性カップルに対して公的に承認する取組みが始まっています。まだ一部ではありますが、以下に紹介する地域に居住する同性カップルなどは、地方自治体による同性パートナーシップ証明を、自分達のパートナーシップ関係を第三者に示すために活用することができます。

2015年11月から、東京都渋谷区は、「渋谷区男女平等及び多様性を尊重する社会を推進する条例」に基づき、任意後見契約に関する公正証書と合意契約（パートナーシップ契約）に関する公正証書の二つの公正証書の作成を原則としたうえで、「パートナーシップ証明書」を交付しています。なお、任意後見契約に関する公正証書については、これから財産を形成する過程にあるなど任意後見契約締結が困難な場合もあるため、必ずしも求めない取扱いとなっています。渋谷区の上記条例では、この条例の施策に関して苦情等の申立てがあった事業者等に対し、区長は助言指導を行うことができると定められています。さらに、当該事業者等がこの指導に従わない場合、区長は、是正の勧告を行うことができ、当該事業者等が勧告に従わない場合は事業者等の名前等を公表することができると定められています。

また、同じく 2015 年 11 月から、東京都世田谷区は、「世田谷区パートナーシップの宣誓の取扱いに関する要綱」に基づき、同性カップルの双方が署名した「パートナーシップ宣誓書」を受領し、同性カップルに対し「パートナーシップ宣誓書受領証」を交付する運用を始めています。「パートナーシップ宣誓書受領証」の交付にあたっては、「パートナーシップ宣誓書」以外の公正証書等の書類は必要とされません。提出された「パートナーシップ宣誓書」は10 年間保存されますが、同性カップルの双方が廃棄を希望する場合は廃棄してもらうこともできます。

　なお、渋谷区及び世田谷区における同性パートナーシップの証明は、いずれも法律上の婚姻とは異なり法的な効力はありません。したがって、同性カップルが上記の認定を受けていたとしても、第三者に対し、法律上の夫婦と同様に取り扱うように強制することはできません。

　しかし、渋谷区の「パートナーシップ証明書」及び世田谷区の「パートナーシップ宣誓書受領証」など、地方自治体が当該カップルは同性パートナーシップ関係にあることを証明する書面は、同性カップルの双方だけではなく地方自治体も認めていることを示すため、事実上第三者に対して相当の重みを持つといえます。その結果、民間企業の対応も同性カップルに対して理解のあるものに変わっていくことが期待できます。実際、携帯電話会社が地方自治体のパートナーシップを証明する書面による家族割引への申込みを受け付ける、生命保険会社が同性パートナーを死亡保険金の受取人として認めるなど、同性カップルに対する民間企業のサービスの範囲が広がってきています。

三重県伊賀市及び兵庫県宝塚市など、渋谷区及び世田谷区以外においても、同性パートナーを認定する制度を導入する地方自治体が出てきています。地方自治体の取組みが広がることで、国政の場でも検討が進むことが期待されます。

(2) 任意後見

i 任意後見制度の概要

任意後見制度とは、本人が判断能力を有している間に、将来、本人の能力が低下したときに、財産管理（預貯金の出金や振込、不動産その他重要な財産の処分等）や身上監護（家賃の支払・契約更新、介護施設への入所契約、医療機関との契約等）などの手続（法律行為）を行ってくれる人（任意後見人）を決めておき、その人との間で契約（任意後見契約）を締結しておくことにより本人を支える制度です。将来、任意後見人となる人（任意後見受任者）は、本人が自由に選任することができます。そのため、本人は同性パートナーとの間で任意後見契約を締結し、同性パートナーに任意後見受任者となってもらうことができます。

なお、任意後見契約における委託内容は、自分の代わりに財産管理をしてもらう、身上監護に関する契約を締結してもらうなどの「法律行為」に限られます。したがって、自分の介護行為そのものや買物、清掃、通院の際の付添いをしてほしいなどの「事実行為」を委託内容に含めることはできません。

ii 任意後見制度の活用方法

現在、法的には他人である同性パートナーも、任意後見制度を利用することで、本人と実質的にパートナーシップ関係にあることを第三者に主張することが可能だと考えられます。具体的には、同性

カップルの間でお互いを自分の任意後見人となるように任意後見契約を締結します。その結果、各自が相手の任意後見受任者となります。任意後見契約の内容は登記されるため、登記事項証明書を取得しておけば、第三者に対して、自分と同性パートナーは、お互いがお互いの任意後見受任者となっていることを証明することができます。

例えば、緊急時に医療機関や介護施設から、同性パートナーとの関係を尋ねられた際に、お互いに任意後見受任者となっており自分が同性パートナーとパートナーシップ関係にあることを説明しやすくなります。第三者に自分を同性パートナーの親族と同じように取り扱うことを強制することまではできませんが、任意後見受任者という法律関係があることを理由に第三者と交渉することができます。

ⅲ 任意後見契約の利点と注意点

任意後見契約のメリットとして、以下のようなものが挙げられます。

- ○本人の判断能力が低下する前に契約するため、自分の意思に基づき同性パートナー等の信頼できる人に財産管理や身上監護を委託することができます。
- ○任意後見契約の内容は登記されるため、任意後見受任者（後見開始前）及び任意後見人（後見開始後）は、「登記事項証明書」の交付を受けそれを示すことで、第三者に対し同性パートナーとの関係を容易に証明することができます。
- ○任意後見は、任意後見人を監督する「任意後見監督人」が家庭裁判所によって選任されてから開始するため、任意後見人が代

理権を濫用することも防止できます。

ただし、注意点として、任意後見契約は必ず公正証書にする必要があることから公正証書作成の費用が発生します。加えて、任意後見開始のためには任意後見監督人が選任される必要があることから、後見開始後は、任意後見監督人に支払う費用も発生します。

ⅳ 任意後見契約から任意後見開始までの流れ

任意後見契約の締結は、本人の判断能力があるうちにしか行うことができません。そして、実際に判断能力が低下してから、後見が開始することになります。このため、任意後見契約をしていても、最後まで判断能力が低下することがなければ、任意後見は開始されないまま終了することになります。

任意後見開始までの具体的な手続は以下のとおりです。

アーー任意後見契約の内容の決定

任意後見契約を締結するためには、①任意後見受任者（任意後見人となる人）及び②授与する代理権の内容を決める必要があります。

法律上、任意後見人となることについて特に一定の資格を有することなどは要求されていません。どのような人を任意後見人に選任するかは本人の自由な選択に委ねられています。

任意後見人に委任できる事項は、財産管理に関する法律行為並びに生活及び身上監護に関する法律行為などです。

イ　任意後見契約の締結

本人に判断能力があるうちに、任意後見受任者との間で任意後見契約を締結します。

任意後見契約の締結は必ず公正証書によって行われる必要があります。任意後見契約は、本人の財産管理及び生活や介護の手配など、

本人の人生を左右する重要な契約であるため、契約締結を慎重にさせ本人の意思を確認するために公正証書で締結することが要求されます。

　　ウ　任意後見契約の登記

　取引の安全の要請と本人のプライバシー保護との調和を図る観点から、任意後見契約については、契約締結時に契約内容が登記されます。その後、任意後見監督人が選任されて任意後見契約の効力が発生した場合も、任意後見監督人等について登記されます。

　本人、任意後見受任者、任意後見人及び任意後見監督人等は、任意後見契約締結の事実等を証明するため、法務局に登記事項証明書の交付を請求することができます。

　　エ　任意後見監督人の申立て

　本人の判断能力が低下した場合、任意後見受任者等（本人、配偶者、四親等内の親族、任意後見受任者）が、家庭裁判所に対し、本人の判断能力が衰え任意後見事務を開始する必要が生じたので、「任意後見監督人」を選任してほしい旨の申立てを行います。

　　オ　後見開始

　家庭裁判所は、本人の状況や意向などについて審理し、相当と認めた場合に任意後見監督人を選任し、そのときから後見が開始されます。任意後見受任者は、任意後見人として任意後見契約に定められた後見事務を行うことができるようになります。

【書式1】パートナーシップ契約書

パートナーシップ契約書

　○○○○（以下「甲」という。）と○○○○（以下「乙」という。）とは、病めるときも健やかなるときも、互いに愛情と誠意を尽くし合い、相手方の生育環境及び個人の人格を尊重し合い、助け合うことを約し、以下のとおりパートナーシップ契約を締結する。

第1条　甲及び乙は、甲乙間のパートナーシップ関係は、婚姻関係にある夫婦間と同様の真摯な関係であることを、互いに確認し、宣言する。
第2条　甲及び乙は、甲乙間の関係が婚姻関係と同様に真摯な関係であることを、国、地方公共団体、その他公私の団体及び全ての人に対し表明し、婚姻関係に付与される尊重及び法的保護を、甲乙間の関係に対しても付与するよう希望する。
第3条　甲及び乙は、同居し、共同生活において互いに責任を持って協力し、その共同生活に必要な費用を分担する義務を負うものとする。
第4条　甲及び乙は、一方の身体的能力又は精神的能力が低下した場合、同人の財産関係の処理の問題を、相手方に委ねる。これについて、別途、委任契約及び任意後見契約を締結する。
第5条　甲及び乙は、一方が罹患し、医療機関において治療又は手術を受ける場合、他方に対して、治療等の場面に立ち会い、本人とともに、又は本人に代わって、主治医又は医療機関関係者から、症状や治療の方針、見通し等に関する説明を受けることを予め委任する。
2　前項の場合に加え、罹患した本人は、当該医療機関に通院、入院、手術時及び危篤時において、他方に対し、本人にとって最も近しい親族に優先し、入院時の付き添い、面会謝絶時の面会、手術への同意を含む、通常親族に与えられる権限を行使することを認める。
3　甲及び乙は、終末期の医療行為についての同意を互いに委ねる。
第6条　甲及び乙は、合意により本契約を終了させることができる。
第7条　甲及び乙は、本契約に関し、記載のない事項及び本契約の解釈について疑義のある事項については、互いに誠意をもって協議し、解決を図るものとする。

以上

【書式2】任意後見契約公正証書

(出典:渋谷区HP「渋谷区パートナーシップ証明任意後見契約・合意契約公正証書作成の手引き」)

任意後見契約公正証書

　本公証人は、委任者○○○○(以下「甲」という。)及び受任者○○○○(以下「乙」という。)の嘱託により、次の法律行為に関する陳述の趣旨を録取し、この公正証書を作成する。

第1条(契約の趣旨)
　　甲は、乙に対し、平成○年○月○日、任意後見契約に関する法律に基づき、精神上の障害により事理を弁識する能力が不十分な状況における甲の生活、療養看護及び財産の管理に関する事務(以下「後見事務」という。)を委任し、乙はこれを受任する。

第2条(契約の発効)
1　前条の任意後見契約(以下「本契約」という。)は、任意後見監督人が選任された時からその効力を生ずる。
2　本契約締結後、甲が精神上の障害により事理を弁識する能力が不十分な状況になり、乙が本契約による後見事務を行うことを相当と認めたときは、乙は、家庭裁判所に対し任意後見監督人の選任の請求をする。
3　本契約の効力発生後における甲と乙との法律関係については、任意後見契約に関する法律及び本契約に定めるもののほか、民法の規定に従う。

第3条(後見事務の範囲)
　　甲は、乙に対し、別紙「代理権目録(任意後見契約)」記載の後見事務(以下「本件後見事務」という。)を委任し、その事務処理のための代理権を付与する。

第4条(身上配慮の責務)

乙は、本件後見事務を処理するに当たっては、甲の意思を尊重し、かつ、甲の身上に配慮するものとし、その事務処理のため、適宜甲と面接し、ヘルパーその他の日常生活援助者から甲の生活状況につき報告を求め、主治医その他医療関係者から甲の心身の状態につき説明を受けることなどにより、甲の生活状況及び健康状態の把握に努めるものとする。

第5条（証書等の保管等）
1　乙は、甲から本件後見事務処理のために必要な次の証書等及びこれらに準ずるものの引渡しを受けたときは、甲に対し、その明細及び保管方法を記載した預り証を交付する。

　　　①登記済権利証、②実印・銀行印、③印鑑登録カード・住民基本台帳カード、④預貯金通帳、⑤各種キャッシュカード、⑥有価証券・その預り証、⑦年金関係書類、⑧土地・建物賃貸借契約書等の重要な契約書類

2　乙は、本契約の効力発生後甲以外の者が前項記載の証書等を占有所持しているときは、その者からこれらの証書等の引渡しを受けて、自らこれを保管することができる。
3　乙は、本件後見事務を処理するために必要な範囲で前記の証書等を使用するほか、甲宛の郵便物その他の通信を受領し、本件後見事務に関連すると思われるものを開封することができる。

第6条（費用の負担）
　　乙が本件後見事務を行うために必要な費用は、甲の負担とし、乙は、その管理する甲の財産からこれを支出することができる。

第7条（報酬）
【報酬額の定めがある場合】
1　甲は、本任意後見契約の効力発生後、乙に対し、本件後見事務処理に対する報酬として毎月末日限り金〇〇円を支払うものとし、乙は、その管理する甲の財産からその支払を受けることができる。
2　前項の報酬額が次の事由により不相当となった場合には、甲及び

乙は、任意後見監督人と協議のうえ、これを変更することができる。
　　⑴　甲の生活状況又は健康状態の変化
　　⑵　経済情勢の変動
　　⑶　その他現行報酬額を不相当とする特段の事情の発生
3　前項の場合において、甲がその意思を表示することができない状況にあるときは、乙は、任意後見監督人の書面による同意を得てこれを変更することができる。
4　第2項の変更契約は、公正証書によってしなければならない。
5　後見事務処理が不動産の売却処分、訴訟行為、その他通常の財産管理事務の範囲を超えた場合には、甲は乙に対し毎月の報酬とは別に報酬を支払う。この場合の報酬額は、甲と乙が任意後見監督人と協議のうえこれを定める。甲がその意思を表示することができないときは、乙は任意後見監督人の書面による同意を得てこれを決定することができる。

【無報酬の場合】
1　乙の本件後見事務処理は、無報酬とする。
2　本件後見事務処理を無報酬とすることが、次の事由により不相当となったときは、甲及び乙は、任意後見監督人と協議のうえ、報酬を定めることができる。
　　⑴　甲の生活状況又は健康状況の変化
　　⑵　経済情勢の変動
　　⑶　その他本件後見事務処理を無報酬とすることを不相当とする特段の事情の発生
3　（報酬額の定めがある場合の第3項に同じ）
4　（報酬額の定めがある場合の第4項に同じ）

第8条（報告）
1　乙は、任意後見監督人に対し、3か月ごとに、本件後見事務に関する次の事項について書面で報告する。
　　⑴　乙の管理する甲の財産の管理状況

(2)　甲を代理して取得した財産の内容、取得の時期・理由・相手方及び甲を代理して処分した財産の内容、処分の時期・理由・相手方
　(3)　甲を代理して受領した金銭及び支払った金銭の状況
　(4)　甲の身上監護につき行った措置
　(5)　費用の支出及び支出した時期・理由・相手方
　(6)　報酬の定めがある場合の報酬の収受
2　乙は、任意後見監督人の請求があるときは、いつでも速やかにその求められた事項につき報告する。

第9条（契約の解除）
1　甲又は乙は、任意後見監督人が選任されるまでの間は、いつでも公証人の認証を受けた書面によって、本任意後見契約を解除することができる。
2　甲又は乙は、任意後見監督人が選任された後は、正当な事由がある場合に限り、家庭裁判所の許可を得て、本契約を解除することができる。

第10条（契約の終了）
1　本契約は、次の場合に終了する。
　(1)　甲又は乙が死亡し又は破産手続開始決定を受けたとき
　(2)　乙が後見開始の審判を受けたとき
　(3)　乙が任意後見人を解任されたとき
　(4)　甲が任意後見監督人選任後に法定後見（後見・保佐・補助）開始の審判を受けたとき
　(5)　本契約が解除されたとき
2　任意後見監督人が選任された後に前項各号の事由が生じた場合、甲又は乙は、速やかにその旨を任意後見監督人に通知するものとする。
3　任意後見監督人が選任された後に第1項各号の事由が生じた場合、甲又は乙は、速やかに任意後見契約の終了の登記を申請しなければならない。

※　［代理権目録］（第1号様式もしくは第2号様式）を別紙として添付する。

別紙　代理権目録

　任意後見人が任意代理権を行う後見事務の範囲は、事前に特定しておく必要があります。後見事務の範囲は代理権目録により記載されます。様式には第1号様式（チェック方式）と第2号様式（包括記載方式）があり、いずれを利用するかは自由です。【詳細は各公証役場に問い合わせください。】

＜第1号様式＞見本（※実際の様式とは異なりますのでご注意ください。）

```
　　　　　　　　代　理　権　目　録
A　財産の管理・保存・処分等に関する事項
　A1□　甲の帰属する別紙「財産目録」記載の財産及
　　　　び本契約締結後に甲に帰属する財産（預貯金［B
　　　　1・B2］を除く。）並びにその果実の管理・保存
　A2□　上記の財産（増加財産を含む。）及びその果実
　　　　の処分・変更
　　　　□売却
　　　　□賃貸借契約の締結・変更・解除
　　　　□担保権の設定契約の締結・変更・解除
　　　　□その他（別紙「財産の管理・保存・処分等目録」
　　　　　記載のとおり）
B　金融機関との取引に関する事項
　B1□　甲に帰属する別紙「預貯金目録」記載の預貯金
　　　　に関する取引（預貯金の管理、振込依頼・払戻し、
　　　　口座変更・解除等。以下同じ。）
　B2□　預貯金口座の開設及び当該預貯金に関する取引
　B3□　貸金庫取引
　B4□　保護預り取引
　B5□　金融機関とのその他の取引
　　　　□当座勘定取引
　　　　□融資取引
　　　　□保証取引
　　　　□担保提供取引
　　　　□証券取引（国債、公共債、金融債、社債、投資信
　　　　　託等）
　　　　□為替取引
　　　　□信託取引（予定（予想）配当率を付した金銭信
　　　　　託（貸付信託）を含む。）
　　　　□その他（別紙「金融機関との取引目録」記載）
　B6□　金融機関とのすべての取引
C　定期的な収入の受領及び費用の支払に関する事項
　C1□　定期的な収入の受領及びこれに関する諸手続
　　　　き
　　　　□家賃・地代
　　　　□年金・障害年金その他の社会保障給付
　　　　□その他（別紙「定期的な収入の受領等目録」
　　　　　記載のとおり）
　C2□　定期的な支出を要する費用の支払及びこれに
　　　　関する諸手続
　　　　□家賃・地代
　　　　□公共料金
　　　　□保険料
　　　　□ローンの返済金
　　　　□その他（別紙「定期的な支出を要する費用の
　　　　　支払等目録」記載のとおり）
D　生活に必要な送金及び物品の購入等に関する事項
　D1□　生活費の送金
　D2□　日用品の購入その他日常生活に関する取引
　D3□　日用品以外の生活に必要な機器・物品の購入
E　相続に関する事項
　E1□　遺産分割又は相続の承認・放棄
　E2□　贈与若しくは遺贈の拒絶又は負担付の贈与
　　　　若しくは遺贈の受諾
　E3□　寄与分を求める申立て
　E4□　遺留分減殺の請求
F　保険に関する事項
　F1□　保険契約の締結・変更・解除
　F2□　保険金の受領
G　証書等の保管及び各種の手続きに関する事項
　G1□　次に掲げるものその他これらに準ずるもの
　　　　の保管及び事項処理に必要な範囲内の使用
　　　　□　登記済権利証
　　　　□　実印・銀行印・印鑑登録カード
　　　　□　その他（別紙「証書等の保管目録」記載のと
　　　　　おり
　G2□　株券等の保護預り取引に関する事項
　G3□　登記の申請
　G4□　供託の申請
　G5□　住民票、戸籍謄抄本、登記事項証明書その他
　　　　の行政機関の発行する証明書の請求
　G6□　税金の申告・納付
H　介護契約その他に福祉サービス利用契約に関する
　　事項
　H1□　介護契約（介護保険制度における介護サー
　　　　ビスの利用契約、ヘルパー・家事援助者等の派
　　　　遣契約を含む。）の締結・変更・解除及び費用の
　　　　支払
　H2□　要介護認定の申請及び認定に関する承認又
　　　　は異議申立て
　H3□　介護契約以外の福祉サービスの利用契約の
　　　　締結・変更・解除及び費用の支払
　H4□　福祉関係施設への入所に関する契約（有料
　　　　老人ホームの入居契約を含む。）の締結・変
　　　　更・解除及び費用の支払
　H5□　福祉関係の措置（施設入所措置等を含む。）
　　　　の申請及び決定に関する異議申立て
I　住居に関する事項
　I1□　居住用不動産の購入
　I2□　居住用不動産の処分
　I3□　借地契約の締結・変更・解除
　I4□　借家契約の締結・変更・解除
　I5□　住居の新築・増改築・修繕に関する請負契
　　　　約の締結・変更・解除
J　医療に関する事項
　J1□　医療契約の締結・変更・解除及び費用の
　　　　支払
　J2□　病院への入院に関する契約の締結・変更・解
　　　　除及び費用の支払
K□　A～J以外のその他の事項（別紙「その他の委任
　　事項目録」記載のとおり）
L　以上の各事項に関して生ずる紛争の処理に関する
　　事項
　L1□　裁判外の和解（示談）
　L2□　仲裁合意
　L3□　行政機関等に対する不服申立及びその手続
　　　　きの追行
　L4・1　任意後見受任者が弁護士である場合におけ
　　　　る次の事項
　L4・1・1□　訴訟行為（訴訟の提起、調停若しく
　　　　は保全処分の申立て又はこれらの手
　　　　続の追行、応訴等）
　L4・1・2□　民事訴訟法第55条第2項の特別
　　　　授権事項（反訴の提起、訴えの取下げ、
　　　　裁判上の和解、請求の放棄・認諾、
　　　　控訴、上告、復代理人の選出等）
　L4・2□　任意後見受任者が弁護士に対して訴訟
　　　　行為及び民事訴訟法第55条第2項の特
　　　　別授権事項について授権をすること
　L5□　紛争の処理に関するその他の事項（別紙「紛
　　　　争の処理等目録」記載のとおり）
M　復代人・事務代行者に関する事項
　M1□　復代理人の選任
　M2□　事務代行者の指定
N　以上の各事項に関連する事項
　N1□　以上の各事項の処理に必要な費用の支払
　N2□　以上の各事項に関連する一切の事項
※　任意後見人が代理権を行うべき事務の事項の□に
　　レ点を付すること。
```

<第2号様式>
　第2号様式は、代理権の内容を包括的に記載する方法です。
　〔記載例Ⅰ〕は、概括的なものであり、〔記載例Ⅱ〕は、詳細ではありますが不要なものは削除することが予定されているものです。

〔記載例Ⅰ〕

代理権目録（任意後見契約）

1　不動産、動産等すべての財産の保存、管理及び処分に関する事項
2　金融機関、証券会社及び保険会社とのすべての取引に関する事項
3　甲の生活費の送金及び生活に必要な財産の取得、物品の購入その他の日常生活関連取引並びに定期的な収入の受領及び費用の支払に関する事項
4　医療契約、入院契約、介護契約その他の福祉サービス利用契約、福祉関係施設入退所契約に関する事項
5　要介護認定の申請及び認定に関する承認又は異議申立てに関する事項
6　訴訟行為（民事訴訟法第55条第2項の特別授権事項を含む。）に関する事項
7　以上の各事項に関連する一切の事項

〔記載例Ⅱ〕

代理権目録（任意後見契約）

1　不動産、動産等すべての財産の保存、管理及び処分に関する事項
2　金融機関、郵便局、証券会社とのすべての取引に関する事項
3　保険契約（類似の共済契約等を含む。）に関する事項
4　定期的な収入の受領、定期的な支出を要する費用の支払に関する事項
5　生活費の送金、生活に必要な財産の取得に関する事項及び物品の購入その他の日常関連取引（契約の変更、解除を含む）に関する事項
6　医療契約、入院契約、介護契約その他の福祉サービス利用契約、福祉関係施設入退所契約に関する事項
7　要介護認定の申請及び認定に関する承認又は異議申立並びに福祉関係の措置（施設入所措置を含む）の申請及び決定に対する異議申立に関する事項
8　シルバー資金融資制度、長期生活支援資金制度等の福祉関係融資制度の利用に関する事項
9　登記済権利証、印鑑、印鑑登録カード、住民基本台帳カード、預貯金通帳、各種キャッシュカード、有価証券・その預り証、年金関係書類、土地・建物賃貸借契約書等の重要な契約書類その他重要書類の保管及び各事項の事務処理に必要な範囲内の使用に関する事項
10　居住用不動産の購入、賃貸借契約並びに住居の新築・増改築に関する請負契約に関する事項
11　登記及び供託の申請、税務申告、各種証明書の請求に関する事項
12　遺産分割の協議、遺留分減殺請求、相続放棄、限定承認に関する事項
13　配偶者、子の法定後見開始の審判の申立てに関する事項
14　新たな任意後見契約の締結に関する事項
15　以上の各事項に関する行政機関への申請、行政不服申立て、紛争の処理（弁護士に対する民事訴訟法第55条第2項の特別授権事項の授権を含む訴訟行為の委任、公正証書の作成嘱託を含む。）に関する事項
16　復代理人の選任、事務代行者の指定に関する事項
17　以上の各事項に関連する一切の事項

3 住 宅

(1) 同性パートナーと一緒に部屋を借りることはできるか

私には、現在交際中の同性のパートナーがいます。パートナーとはそろそろ一緒に住もうかという話が出てきているのですが、同性カップルであることを理由に賃貸を断られる可能性があるでしょうか。また、契約時の注意点を教えてください。

> A1 貸主によっては賃貸を断られる可能性は否定できませんが、貸主と話し合うことで、そのような可能性は低くなるでしょう。
>
> 契約時には、誰が賃借人となって契約をするか、保証人の要否等に注意しましょう。

まず、部屋の賃貸借契約は私人間の契約ですから、契約を締結するか否かの判断は、原則として契約を締結する当事者双方の自由です。そして、賃貸人がセクシュアル・マイノリティに対して偏見を持っており、そのことを理由に部屋を貸したくないと判断したとしても、通常は、それを理由として明示することはないでしょう。しかし、そういった偏見は誤った知識に基づくことが多いため、賃貸人と話し合うことによって理解してもらえることもあります。当事者での話合いが困難な場合は、弁護士が間に入って、交渉を行うこ

とも有用でしょう。

　賃貸物件が決まり、同性カップルのうちの片方を賃借人とし、もう片方は同居人との位置付けで賃貸借契約を締結するか、あるいは、同性カップル双方が賃借人として賃貸借契約を締結するかを選べる場合、事前にパートナーと話し合うことが必要です。

　片方のみが賃借人となった場合、賃借人であるパートナーの死亡により賃貸借契約が終了したり、パートナー関係解消などの理由により賃借人であるパートナーが賃貸借契約を解約したりしてしまったときは、同居人という位置付けのもう一方のパートナーが当該住宅に居住する法的根拠を失ってしまうという点に留意が必要です。

　他方、同性カップル双方が賃借人となる場合、双方が賃貸人に対して法的義務を負う、双方につきそれぞれ保証人を付すことを求められてしまう場合がある等、法律上・事実上の負担が生じます。

　賃貸人から親族を保証人にしてほしいと求められた場合には、保証人となることを依頼する際に、結果として、同性パートナーの存在や同性パートナーとの関係、すなわち自らのセクシュアリティ（性的指向及び性自認を含む性のあり方）について、親族に知られてしまうおそれがあります。このようなことを避けるには、保証人ではなく保証会社の利用も可能な物件を検討することが考えられます。

　なお、以上のことは、性別の取扱いの変更をしていないトランスジェンダーとそのパートナーが戸籍上同性である場合（例えば、戸籍上男性であるMtFのトランスジェンダーと男性のカップルの場合）にも当てはまります。

(2) 単身用物件での同居開始

 私は、もともと「一人入居」の条件で賃貸借契約を締結し、現在の家に住んでいます。しかし、居住を始めた後で同性パートナーが同居するようになりました。そのことを知った大家さんから、契約違反だから今すぐ出ていってほしいと言われています。私は今住んでいる家から出ていかなければならないのでしょうか。

> A2 契約違反であっても直ちに出て行かなければならないわけではありません。契約違反の程度が大きく、貸主との信頼関係が破壊された場合には、家を出て行かなければなりません。

契約時に「一人入居」の条件で借りていた物件に、後から同性パートナーが同居するようになった場合は、同居すること自体が用法違反となり、債務不履行に該当します。しかし、賃貸借契約は、借主保護の要請が高く、また、当事者双方の信頼関係が重視されることから、債務不履行があれば直ちに賃貸借契約の解除が認められるわけではなく、他の諸事情とあいまって賃貸人との間の信頼関係が破壊されたと認められる場合にはじめて、賃貸人からの契約の解除が認められます（最二小判昭和27年4月25日民集6巻4号451頁、最二小判昭和28年9月25日民集7巻9号979頁等）。

同居開始後も物件の使用状況にほとんど変更がなく、賃貸人に不利益があるとはいえないにもかかわらず、単に同性カップルが同居

しているということや、そのことが周辺の住民の噂になっているだけといった場合には、信頼関係が破壊されたとまではいえないと考えられますから、解除は認められないでしょう。これに対し、居住者が2人になったために、「騒音が激しい」等の苦情が近隣から出て、賃貸人から是正を求められたにもかかわらず全く応じないなど、周辺住民や賃貸人に実際に不利益が生じている事実が積み重なれば、信頼関係破壊が認められ、解除が正当化される場合があります。

　また、賃借人が同居している同性パートナーから賃料を受け取って継続的に同居している場合には、無断転貸（民法612条1項）に当たると解される場合もあります。ただし、この場合にも、それを理由とした賃貸人による契約解除が認められるかは、他の事情とあいまって賃貸人との信頼関係が破壊されたといえるかによることになります。

　なお、以上のことは、性別の取扱いの変更をしていないトランスジェンダーとそのパートナーが戸籍上同性である場合（例えば、戸籍上男性であるMtFのトランスジェンダーと男性のカップルの場合）にも当てはまります。

(3) 同性パートナーとの不動産購入

同性パートナーと共同で家・マンションを買えますか。

> A3 共同ローンを組むことを断られることもありますが、交渉によって認められることもあります。同性パートナーとの間で、不動産の名義や住宅ローンの負担の方法について、取決めをしておくことが望ましいでしょう。

i 全額につき現金一括で支払って購入する場合

不動産については、所有権という側面と実際にその場所に住む権利という側面を検討する必要があります。

所有権の点からは、双方が現金を支出して購入しているのであれば、双方が支出した割合に従って、持分割合を定めて登記をすることが望ましいでしょう。また、住む権利という観点から見ても、持分の所有者には、「共有物の全部について、その持分に応じた使用をすること」（民法249条）が認められているため、双方が持分を所有していれば、パートナー関係が解消された場合でも、不動産に居住し続けることが可能です。

もっとも、パートナー関係を解消する場合には、不動産の共有状態をどのように処理するかという問題が残ります。共有物の分割について話合いで解決できない場合、最終的には共有物分割訴訟を提

起することになります。この手続では、共有物そのものを持分に応じて分ける現物分割、共有物を売却してその売却代金を分ける代価分割、持分以上の現物を取得した共有者が他の共有者に対して価格で賠償する価格賠償のいずれかの方法で共有状態の解消をすることになります。家やマンションの場合は現物分割することはできないので、代価分割か価格賠償によることになるでしょう。

　ⅱ　一方のみが頭金を支払い、単独で住宅ローンを組む場合

　婚姻している異性カップルの場合には、夫婦双方の収入を合算することにより、単独で住宅ローンの借り入れをするよりも大きな金額の住宅ローンの借り入れを行うこと（ペアローン）が可能です。しかし、同性カップルの場合、互いに法定相続人という立場にあるわけではないことから、ペアローンを組むことを断られることがあります。しかし、婚姻している異性カップルであっても、その後離婚した場合には、互いに法定相続人という関係ではなくなることからすると、同性カップルの場合だけ双方の収入を合算して住宅ローンを借り入れることができないのは不合理といえます。そこで、同性カップルの場合でも、双方を任意後見人と指定する公正証書を利用する等して婚姻類似の関係にあることを示し、金融機関と交渉することが考えられます。

　ところで、一方のみが頭金を支払い、住宅ローンを組む場合、当該住宅ローン債務者が不動産の名義人になることが一般的でしょう。しかし、一方の名義で住宅ローンを組んではいるものの、実際には同性カップル二人で一緒に住宅ローンを返済していくこともあります。そのような場合、後に同性パートナー関係を解消するに至ったときは、不動産の名義人ではない方が、自己が支払った住宅ロー

ンの金額の全部又は一部を、不動産の名義人であるパートナーから返還してもらいたいと考えることがあるでしょう。そのような場合に備え、自己が負担した住宅ローンの金額を明確にし、支払った証拠も残しておくことが望ましいですが、そのような証拠があっても、その支払は家賃にすぎず、返還の対象にはならないといわれる可能性もあります。よって、住宅ローンをどちらが毎月いくら負担するかやパートナー関係が解消された場合にはその点についてどのように清算を行うかといった点について、パートナーと事前に取り決め、公正証書等で書面化しておくことが望ましいでしょう。

　なお、一方のみが住宅ローンを組み、もう一方のパートナーが事実上住宅ローンを一緒に返済していく場合、厳密には住宅ローン債務者でないパートナーから住宅ローン債務者に対する贈与に該当し、年間の支払額が110万円を超える場合は、住宅ローン債務者に贈与税が課税される可能性があります。

　また、不動産の名義人が死亡した場合は、原則としてその法定相続人が不動産を相続により取得することになるため、不動産の名義人でないパートナーがそのまま居住するためには、不動産名義人の法定相続人である親族とあらかじめ協議しておくか、不動産の名義人でないパートナーが不動産を取得できるように公正証書遺言等を作成しておくべきでしょう。

　なお、以上のことは、性別の取扱いの変更をしていないトランスジェンダーとそのパートナーが戸籍上同性である場合（例えば、戸籍上男性であるMtFのトランスジェンダーと男性のカップルの場合）にも当てはまります。

(4) 同性パートナーとの公営住宅等への入居

Q4　同性カップルは公営住宅・公団住宅・特定優良賃貸住宅に入居できますか。

> A4　現在、明確に入居が認められているのは、公団住宅のハウスシェアリング制度を導入している物件のみのようです。

i　公営住宅の場合

　公営住宅とは、「地方公共団体が、建設、買取り又は借上げを行い、低額所得者に賃貸し、又は転貸するための住宅及びその附帯施設で、この法律（公営住宅法）の規定による国の補助に係るもの」（公営住宅法2条2号）をいいます。公営住宅には、市区町村が管理するものと、都道府県が管理するものがあります。

　旧公営住宅法23条1号では、入居資格の一つとして、「現に同居し、又は同居しようとする親族（婚姻の届出をしないが事実上婚姻関係と同様の事情にある者その他婚姻の予約者を含む。）があること。」（以下「同居親族要件」といいます。）と定められていたため、同性カップルは公営住宅の入居者から法律上排除されているといわれていました。しかし、同性カップルも「婚姻の届出をしないが事実上婚姻関係と同様の事情にある者」に該当すると解釈することも、十分に考えられます。

　もっとも、公営住宅法の改正により、上記の「同居親族要件」は

撤廃され、「同居親族要件」を設けるかは、各地方公共団体の判断に委ねられることになりました。この「同居親族要件」の有無によって、地方公共団体ごとに入居条件にばらつきが生じていますので、確認することが必要です。

　なお、日本で初めて同性間パートナーシップ証明書を発行した東京都渋谷区においては、以前より、区営住宅条例において「同居親族要件」を定めていますが、2015 年 3 月に成立した渋谷区男女平等及び多様性を尊重する社会を推進する条例は、「渋谷区営住宅条例及び渋谷区区民住宅条例その他区条例の規定の適用に当たっては、この条例の趣旨を尊重しなければならない」と定めており（16条）、「同居親族要件」を撤廃せずとも、同性パートナーの証明書を取得したカップルが家族向けの区営住宅へ入居することが可能であることを示唆しています。このような渋谷区の例からしても、「同居親族要件」があるからといって、同性カップルが区営住宅へ入居できないと結論づける必要はないと考えられます。

ⅱ　公団住宅の場合

　公団住宅とは、都市再生機構（UR）が供給する住宅のことをいいます。UR が提供する住宅の申込資格には、原則として「同居親族要件」が設けられていますが、中にはハウスシェアリング制度を導入している住宅があり、そのような住宅であれば、親族同士でなくとも入居が可能です。

　契約形態としては、同居者 2 人とも賃借人として契約をすることとなっています。また、入居後に入居者の追加や変更はできないとされています。

iii 特定優良賃貸住宅の場合

　特定優良賃貸住宅とは、「認定計画に基づき建設される賃貸住宅」をいい（特定優良賃貸住宅の供給の促進に関する法律6条）、主に中程度の所得階層のファミリー向けに供給される賃貸住宅のことです。

　特定優良賃貸住宅は、まず供給計画を策定し、当該計画について都道府県知事の認可を受ける必要がありますが、認定の要件として、供給計画の中に賃貸住宅の入居者の資格を定めることとなっています。そして、入居者の資格については、一定の場合を除き、同居親族（婚姻の届出をしないが事実上婚姻関係と同様の事情にある者その他婚姻の予約者を含む。）がいることを資格として定めることとされています（特定優良賃貸住宅の供給の促進に関する法律3条4号、同規則7条）。そして、当該計画に規定された資格に該当する者と規則に掲げられている者が入居資格を有するとされています（同規則26条）。

　入居資格そのものや、入居資格に含まれている「同居親族要件」を充足するかを判断するための具体的な運用については、全国的にばらつきがあるので、特定優良賃貸住宅の審査団体に問い合わせる必要があります。ここでは東京都を例に見てみますと、東京都の特定優良賃貸住宅に当たる都民住宅の申込みにあたっては、運用上、内縁関係の場合には住民票の続柄が「未届の夫（又は妻）」となっていて双方に戸籍上の配偶者がいないことが必要とされています。しかし、住民票の続柄が要件となってしまうと、同性カップルの場合は、「未届の夫（又は妻）」と住民票に記載されることはありませんから、当該要件に該当することは不可能です。住民票の続柄が要

件となっている趣旨は、内縁関係であることを公的な書面をもって容易に証明できることにあると考えられることからすれば、同性カップルの場合でも、任意後見契約を内容とする公正証書等を利用することによって、同様の目的を果たすことは可能とも考えられます。なお、以上のことは、性別の取扱いの変更をしていないトランスジェンダーとそのパートナーが戸籍上同性である場合（例えば、戸籍上男性であるMtFのトランスジェンダーと男性のカップルの場合）にも当てはまります。

4 医療・介護・財産管理・生命保険

(1) 終末期医療の同意

なお、以下は、性別の取扱いの変更をしていないトランスジェンダーとそのパートナーが戸籍上同性である場合(例えば、戸籍上男性であるMtFのトランスジェンダーと男性のカップルの場合)にも当てはまります。

終末期医療(「人生の最終段階における医療」における医療行為の開始・不開始、医療内容の変更、医療行為の中止等)の決定権を同性パートナーに託すことはできますか。

> A1 「医療同意契約書」、「パートナーシップ契約書」を事前に作成することや、地方自治体のパートナーシップ制度を利用することにより、昏睡状態等であなた自身の意思が確認できない場合、あなたの意思を代弁する者としてパートナーの意思が尊重される場合があります。

終末期医療の決定については、「終末期医療の決定プロセスに関するガイドライン」[1](厚生労働省、2007年)に沿って運用がなさ

---

[1] インターネット上で以下のリンクから公開されています。
http://www.mhlw.go.jp/shingi/2007/05/dl/s0521-11a.pdf

れています。具体的には、①患者本人による決定を基本とする、②患者の意思を確認できない場合、「家族」が患者の意思を推定できるときは、その推定意思を尊重するとされています。

「終末期医療の決定プロセスに関するガイドライン解説編」[2]には、「家族とは、患者が信頼を寄せ、終末期の患者を支える存在であるという趣旨ですから、法的な意味での親族関係のみを意味せず、より広い範囲の人を含みます」とあります。つまり、法的な「家族」に匹敵する程度の十分な信頼関係が認められる関係性であれば法的関係の有無に限らず「家族」に該当する可能性があります。そうすると、同性パートナーシップ関係にあるパートナーも、長年同居していたり、同居していなくても長年連れ添っていたり、末長く連れ添うことを約束している等、互いに深い信頼関係が認められるケースであれば「家族」に該当する場合があるでしょう。

もっとも、実際の運用は現場に委ねられるため、医療施設・医師の方針に応じて対応は区々になることは否めません。また、親族により同性パートナーの意向が無視される可能性もあるかもしれません。

そこで、医療機関や親族に、二人のパートナーシップ関係が「家族」に該当するものであることを理解してもらうのに役立つ手段を準備しておくことが有益でしょう。例えば以下のようなものが考えられます。

---

[2] http://www.mhlw.go.jp/shingi/2007/05/dl/s0521-11b.pdf

i 「医療同意契約書」、「パートナーシップ契約書」等を公正証書で作成する

「医療同意契約書」は、本人が自己の意思を表明できなくなった場合に終末期医療の同意権をパートナーに委ねること等を定めるものです。「パートナーシップ契約書」（書式1）は、二人の関係が、現状日本で同性同士の婚姻ができないため法律上は他人の関係であるものの、親密で深い信頼関係により結ばれているのであって、男女の婚姻関係に匹敵する真摯な関係性であることを互いに確認するという内容のものになるでしょう。「パートナーシップ契約書」の中に医療同意に関する内容を含めることも可能です。医療同意に関して明記していない場合も、互いが男女の婚姻関係に匹敵する真摯な関係性であることを定めるものですから、それを示すことで第三者に二人の関係が「家族」に該当するものであることを理解させるのに役立つと考えられます。

また、「任意後見契約公正証書」の作成も考えられるでしょう（任意後見契約書の詳細は書式2参照）。ただし、任意後見契約の内容として、パートナーに終末期医療の同意権を付与することはできません。あくまでも、二人の関係が任意後見契約を結ぶほどに真摯な関係性であることを証明する手段として利用することになります。

なお、公正証書とは、公証人という法律家が作成する公文書であるため、公正証書にしていない契約書よりも証明力（内容の信頼性）が高いとされています。公正証書にせずに単に契約書を作成するのでも契約の効果は生じますが、証明力をできる限り高めるためには公正証書にするのが望ましいでしょう。

このように二人の意思や約束を契約書にして公正証書にすること

は有用ではありますが、注意すべきことがあります。それは、これらの契約書はあくまでも二人の間の約束事を書面にしたものであり、互いを拘束する効力を持つのみであって、第三者を拘束する効力を持たないということです。ですから、あくまでも二人の関係性を証明する一つの手段になりうるものであることを理解しましょう。

ⅱ 地方自治体の同性パートナーシップ制度の利用

東京都渋谷区等の自治体が同性パートナーシップを証明する手続を活用することも、二人の関係を婚姻に匹敵する関係であることを証明するものとして有益だと思われます。自治体により手続内容は様々ですが、パートナーシップを証明ないし認証するものであって何らかの形でそのことを第三者に示すことができる手続が整備されていれば（証明書の発行等）、公の機関も認めているパートナーシップ関係であることを第三者に示すことができます。それにより、二人の関係が婚姻に匹敵する真摯な関係性であることを第三者に理解してもらいやすくなるでしょう。

ⅲ 緊急連絡先カードの利用

より簡易な方法として、緊急時の連絡先としてパートナーの名前と連絡先及び終末期医療の同意をパートナーに委ねる旨も記載した「緊急連絡先カード」を財布等に入れて携帯することも考えられます。契約書に比べると証明力は弱いものですが、突然の事故や病気等で意識不明になった場合にパートナーの存在とパートナーに医療同意を委ねたい意思を取り急ぎ第三者に知らせる方法として一定の効果が期待できます。

(2) 介 護

私は同性パートナーと生活を共にしていますが、将来、同性パートナーに介護が必要となった場合、①介護保険の申請、②介護施設入所時の身元引受、③介護休業の申請を、私が行うことはできますか。

> A2 ①介護保険の申請及び②介護施設入所時の身元引受については、同性パートナーも行うことができると考えられます。③介護休業の申請については、現行法の下では明らかでありませんが、会社と相談又は交渉する余地はあります。

i 介護保険申請

　介護保険を利用すると、各種のサービスを1割（一定以上所得者の場合は2割）の自己負担で利用できるようになります。ただし、介護保険は市区町村が要介護状態等にあると認定して初めて利用できる仕組みのため、介護保険利用による介護サービスを希望する場合、居住地の市区町村役場の担当窓口で要介護認定を受けるための申請を行う必要があります。この申請者は特に「本人」又は「家族」に限られたものではなく、本人又は家族のほかに地域包括支援センター、ケアマネージャー及び介護施設等に代行してもらうことも可能とされています。よって、親族ではない、世話をしている関係者が申請を行うことも可能です。行政側も、必ずしも申請者自身が要介護者の親族であるか否かにはこだわらず、実情に応じて対応をし

ているようです。

　したがって、介護が必要になった本人の同性パートナーが要介護認定の申請を行うことは可能であると考えられます。少なくとも、市区町村の介護保険窓口に相談すれば何らかの形で要介護認定の申請を行うことが可能となると思われます。

ⅱ　介護施設入所における身元引受人等

　介護施設に入所する際は、身元引受人や保証人を求められる場合があります。しかし、施設側が身元引受人等を必要とするのは、主に、費用の支払の保証、及び事故や病気の際における緊急連絡先の確保のためなので、現在、身元引受人等は必ずしも親族に限るとはされていません。施設側が信頼できる身元引受人が存在すれば、その者が親族でなくとも入所は可能なようです。

　入所者の費用の支払及び緊急連絡先の確保の点で同性パートナーに特に問題が見当たらないならば、施設側が単に同性パートナーが身元引受人等となることを理由として施設入所を拒否することは難しいと思われます。仮に施設側が入所を拒否した場合であっても、同性パートナーに支払能力及び定まった住所があることを示し、身元引受人となることに問題ないことを説明することで、入所に向け交渉する余地があります。同性パートナーが入所者の成年後見人若しくは任意後見人である場合、又は入所者との委任契約若しくは同性パートナーシップ契約の当事者である場合などは、同性パートナーは入所者と法律関係を有するため、施設側から信頼されやすくなると思われます。

ⅲ　介護休業申請

　育児休業、介護休業等育児又は家族介護を行う労働者の福祉に関

する法律2条4号は、介護の「対象者家族」として、「配偶者（婚姻の届出をしていないが、事実上婚姻関係と同様の事情にある者を含む。以下同じ。）、父母及び子（これらの者に準ずる者として厚生労働省令で定めるものを含む。）並びに配偶者の父母」と定めています。

「婚姻の届出をしていないが、事実上婚姻関係と同様の事情にある者」に同性パートナーが含まれると解釈する余地はあると思いますが、同性パートナーが要介護の状態になった場合、それを理由に介護休業申請が可能か否かについては、現時点では明らかでありません。そのため、同性パートナーの介護のために、休業や残業なしの部署へ配置転換を希望する場合、会社との交渉や労働組合への相談が必要となります。

「渋谷区男女平等及び多様性を尊重する社会を推進する条例」を渋谷区が制定したことをきっかけに、同性パートナーの要介護を理由とした介護休業申請を認める旨を就業規則に盛り込む企業も増えてきており、勤務先が直ちに認めない場合であっても交渉の余地はあります。

(3) 財産管理

私が将来重大な病気にかかり体が不自由になった場合などに備え、同性パートナーに財産管理を託しておきたいのですが、どのようにすればよいですか。判断能力がなくなった後ではどうすればよいですか。

> A3 同性パートナーとの間で「財産管理等の委任契約書」を作成し委任契約を締結しておくのがよいと考えられます。また、同時に、判断能力がなくなった場合に備え、「任意後見契約」も締結しておくのがよいと思われます。

i 「財産管理等の委任契約書」作成

同性パートナーとの間で、財産管理等を代理して行ってもらうための包括的な「財産管理等の委任契約書」を作成し委任契約を締結しておくのがよいと考えます。これを作っておけば、本人に代わって様々な手続を代理することができるようになり、また、包括的な委任状の性質を有するため、個別に委任状を作成する必要もなくなります（ただし、訴訟代理権については個別に委任状を作成する必要があります）。

ii 財産管理等の委任契約書に記載できる内容

「財産管理等の委任契約書」は任意の契約書なので、委任内容は契約当事者の合意で自由に設定することができます。本件の場合、委任内容としては、「財産管理」に加え「身上監護」について盛り

込むのがよいでしょう。

　具体的には、「財産管理」に関するものとして、金融機関からの預貯金の出金や振込、家賃・光熱費・税金等の支払、生命保険の契約締結・解約・保険金の請求、戸籍謄本・住民票の取得、日常生活に必要な買い物等について、また、「身上監護」に関するものとして、入院や介護施設に入所するための手続、要介護認定の申請、介護サービスの契約・変更・解除等について、同性パートナーに代理権を付与することを記載します。

　なお、上記は本人が生存中の手続を委任するものですが、本人が亡くなった後の諸手続（通夜、告別式、火葬、納骨、埋葬に関する事務）、未払金の清算などの財産整理といった死後に発生する事務（死後事務）に関する内容も記載しておけば、これらも同性パートナーに委任することができます。

iii　財産管理等の委任契約書の作成方法

　委任契約は、法律上は特に形式に定めはありませんが、公正証書によって締結することが望ましいです。例えば金融機関によっては、公正証書ではない「財産管理等の委任契約書」では、引出し等に応じてもらえない場合もあるようです。公正証書を作成する場合は費用がかかりますが、公正証書は法務大臣が任命する公務員である公証人によって作成されるため信用性が高いものとして取り扱われます。また、公正証書作成の場合は内容が法律に違反していないか公証人がチェックしてくれますし、作成した原本は公証役場で原則20年間保管されるため交付された控えを紛失した場合も再発行してもらえます。このように公正証書にしておくことは、信用性や安全面からも利点があります。

iv 任意後見契約との併用

将来、体が不自由になったとしても、判断能力があるうちは「財産管理等の委託契約書」で対応し、判断能力がなくなってからのことは「任意後見契約」で対応することが考えられます。

【書式3】財産管理等委任契約公正証書

財産管理等委任契約公正証書

本公証人は、委任者甲および受任者乙の嘱託により、以下の法律行為に関する陳述の趣旨を録取し、この証書を作成する。

第1条（契約の目的と委任事務の範囲）
　　甲と乙とは、愛情と信頼に基づいて共同生活を営んでいるところ、平成＿年＿月＿日、両名の共同生活の維持、相互の療養看護及び相互の財産の管理等を目的として、甲は、乙に対し、別紙任意代理権目録記載の事務を委任し、その事務処理のための代理権を付与する意思を表示し、乙は、その趣旨を理解した上で、これを受諾した。

第2条（任意後見契約との関係）
1　本契約締結後、甲が精神上の障害によって物事を判断する能力が不十分になり、乙が別途甲との間で締結する任意後見契約による後見事務を行った方がよいと判断したときは、乙は、家庭裁判所に対し、任意後見監督人の選任の請求をしなければならない。
2　前項の場合には、あらかじめ甲の同意がなければならない。ただし、甲がその意思を表示することができないときは、この限りでない。
3　本契約は、任意後見監督人が選任されて任意後見契約が効力を生じると同時に乙が任意後見人に就任したときに終了する。

第3条（療養看護に関する特則）
1　甲が疾病・事故等によって医療機関その他の場所において療養を

必要とする状態になった場合には、乙は、甲の意思を尊重し、かつ、甲の身上に配慮するものとする。
2 甲は、乙に対し、前項の場合において、主治医その他医療機関関係者から甲の心身の状態につき説明を受けることなどにより、甲の健康状態の把握に努め、これに応じた看護をすることのできる権限を付与する意思を表示し、乙は、その趣旨を理解した上で、これを受諾した。
3 甲は、乙に対し、甲が疾病・事故等によって正常な判断能力を喪失した場合には、第2条にかかわらず、医師または医療機関関係者から、その治療方法、治療場所等について説明を受け、これに同意を与え、または拒絶する権限を付与する意思を表示し、乙は、その趣旨を理解した上で、これを受諾した。

第4条（尊厳死に関する特則）
　甲は、乙に対し、甲がその時点における医学において不治の状態となり、すでに死期が迫っていると判断された場合、主治医等に対し延命措置の中止を求めるか否かの決定権を付与する意思を表示し、乙は、その趣旨を理解した上で、これを受諾した。

第5条（祭祀の主宰者に関する特則）
　甲は、乙に対し、甲が死亡した場合の祭祀の主宰者として乙を指定する意思を表示し、乙は、その趣旨を理解した上で、これを受諾した。

第6条（契約の解除）
　甲と乙とは、何時でも本契約を解除することができる。

第7条（契約の終了）
　本契約は、次の場合に終了する。
(1) 甲と乙とが別途契約する任意後見契約が効力を有するとき
(2) 乙が死亡又は後見開始の審判、破産手続開始決定を受けたとき

（別紙）

任意代理権目録

1 次の各書類、印鑑、証書等の保管及び委任事項処理のために必要な範囲内の使用
　　登記済権利証、預貯金の通帳及びキャッシュカード、証書、有価証券、実印・銀行印・印鑑登録カード、住民基本台帳カード、年金関係書類、保険契約関係書類、有価証券、その預かり証、不動産の賃貸・管理契約関係書類、その関連書類
2 次の不動産、動産等の財産の管理・保全・処分等に関する一切の事項
　(1) 建物の共有持分2分の1
　　　　所　　在　＿＿＿＿＿＿＿＿＿
　　　　家屋番号　＿＿＿＿＿＿＿＿＿
　　　　種　　類　＿＿＿＿＿＿＿＿＿
　　　　構　　造　＿＿＿＿＿＿＿＿＿
　　　　床 面 積　＿＿＿＿＿＿＿＿＿
　(2) 前号の建物内の動産一切
3 金融機関、証券会社、保険会社及び郵便局との全ての取引に関する一切の事項
4 定期的な収入の受領、定期的に支出を要する費用等の支払及びこれらに関する事項
5 甲の生活費の送金、生活に必要な財産の取得、物品の購入その他の日常関連取引に関する事項
6 医療に関する契約及び介護契約その他の福祉サービス利用契約（施設入所契約を含む。）に関する事項
7 復代理人の選任、事務代行者の指定に関する事項
8 以上の各事項に関する一切の事項
　　　　　　　　　　　　　　　　　　　　　　　　　　以上

※自宅建物をパートナーと共有しており、居住用不動産の処分（成年後見の場合には家庭裁判所の許可が必要である（民法859条の3）。）のような重要な法律行為まで委ねるケースを想定しています。相手方にどの程度の権限を与えるかにより、任意代理権目録の記載を工夫するとよいでしょう。多くの権限を委ねたほうが裁量はありますが、一方で権限濫用の懸念もあります。

(4) **生命保険**

長年付き合っている同性パートナーがいます。私の死後のパートナーの生活が心配なので、パートナーに生命保険金を渡したいと思っています。同性パートナーを生命保険の受取人にすることはできますか。

> A4　契約当初から指定可能である保険会社があります。また、契約の途中から、受取人を同性パートナーに変更することが可能である保険会社もあります。

　ⅰ　生命保険の受取人を誰にするかということについては、「指定」と「変更」という二つの場面があります。生命保険を契約する際に受取人を誰にするか決めることが「指定」であり、契約後に指定した受取人とは別の人に受取人を変えることが「変更」です。

　ⅱ　契約時の受取人の「指定」については、受取額が一般の生命保険各社のものに比べて少額（1000万円）であるかんぽ生命を除き、保険会社の多くは、モラルリスク防止（保険金詐欺等の防止）の観点から、受取人を「配偶者又は二親等内の親族」とする内規や約款を設けており、これまで、同性パートナーを生命保険金の受取人に指定することを認めないことがほとんどでした。

　もっとも、現在では同性パートナーを受取人に指定できるとする保険会社が増加しつつあります。

　同性パートナーを受取人に指定する際の手続として、各自治体が

発行するパートナーシップ証明書の写しを求める保険会社もあれば、独自の書類への記載を求めたり、住民票の提出や面談を求める保険会社もあります。また、同居期間の長さや戸籍上の配偶者の有無を判断材料とする会社もあります。保険会社によって条件が違いますので、一社に断られたからといって、全ての保険会社に断られるとは限りません。他の会社にも問い合わせてみましょう。そして、契約締結の過程で保険会社とトラブルが生じたときは、弁護士が代理人として保険会社と交渉することも考えられます。

　ⅲ　他方、契約後に生命保険受取人を「変更」することについては、変更後の受取人を配偶者等に限定する内容の約款を定めていない会社が多いようです。保険法では、生命保険受取人の変更は、保険者（保険会社）への意思表示によって効果が生じるとされています（保険法43条）。そこで、まずは保険金受取人を同性パートナーに「変更」する旨の相談を保険会社にしてみるべきでしょう[3]。

---

[3] 東京高判平成17年6月2日／平成17年（ネ）第1115号（判例集未登載）は、保険金受取人を親族以外の者に変更するつもりで、初めは保険金受取人を親族に指定しておき、遺言で受取人を親族以外の者に変更した事案において、保険契約締結は契約者の詐欺行為によるものとして契約を無効としました。被保険者の特定の親族が保険金受取人であるか否かは、モラルリスク防止の観点から保険会社にとっては契約締結の際の重要な判断要素であるところ、契約締結時において契約者が受取人を親族以外の者（この事案では「親代わりのような人物」であったとのことです。）に変更するつもりであることを保険会社に伝えず、その結果として保険会社が契約締結を承諾するに至ったこと、また、契約者は上記受取人変更を保険会社に告げれば承諾を拒否されると予見し、敢えてこれを告げなかったこと等が理由とされています。この裁判例からすると、受取人の変更を企図せずに締結した保険契約については自由な受取人の変更が認められるものの、同性パートナーへの受取人変更を前提として、保険会社にはこれを秘して親族を受取人とする契約を締結した場合には、保険契約自体が無効と解される可能性も否定できないといえます。しかし、これは保険法施行前の判例であるうえに、同性カップルの事案で、この裁判例の事例と同じように保険会社が争うとは必ずしもいえないと思われます。

しかし、モラルリスクの観点及び同性パートナーシップの理解の乏しさや、約款によっては、受取人を同性パートナーに変更することに保険会社が難色を示すこともあるかもしれません。その場合は、保険法43条を根拠として、同性パートナーに受取人を変更する旨の意思表示を内容証明郵便で保険会社に通知した上で、変更を要請するという方策をとることが考えられます。

ただし、2010年4月1日の保険法施行前に締結された生命保険契約には、受取人変更の保険法の規定は適用されません。他方で、保険会社の約款によっては、保険法施行前の契約にも保険法の適用を認めるものもありますので、契約時期と約款を十分に確認する必要があります。

　　　ⅳ　遺言により保険金受取人を変更することもできますが（保険法44条1項）、遺言の場合、遺言者の死亡後に相続人が遺言内容を保険会社に伝えることが保険会社への対抗要件とされている（同条2項）ことに注意が必要です。遺言者が親族にカミングアウトしていない場合等、親族が同性パートナーの存在を理解していないような場合は、相続人が保険会社に遺言内容を通知せずに保険金を受け取ってしまうという危険があります。ただし、遺言執行者の指定によりリスクを回避できる可能性はあるでしょう。

また、遺言の方式に瑕疵があり、遺言書が無効ということになれば、変更の効力が生じないので、公正証書遺言を作成するほうが無難です。

そして、この保険法に定める遺言での受取人変更規定も、保険法施行前の生命保険契約には適用されないので（約款で認めているものを除く）、その場合は遺言によるのではなく、変更の手続をすぐ

にとっておいたほうがよいでしょう。

ⅴ　なお、保険金の受取りの際に注意すべきこととして、死亡保険金の請求には死亡診断書等の書類が必要となりますが、同性パートナーの場合はこのような書類が入手困難であることも考えられます。死亡保険金の受取りに必要な書類が入手できない場合は、代替書類で手続が可能かを保険会社に問い合わせたり、弁護士が必要な書類を取り寄せたりするべきです。

　また、税金面でも注意が必要です。税法上、生命保険料控除の対象となる生命保険契約等は、保険金の受取人の全てが自己又は自己の配偶者その他の親族（六親等内の血族と三親等内の姻族）である場合とされているので、同性パートナーを受取人に指定している場合は、生命保険料控除の対象となりません。さらに、これは遺贈によって受け取ったものとみなされ、相続税の課税対象となり、配偶者に対する税額の軽減は適用されません。

　このように、いまだ税制度が同性パートナーの生命保険金受取に追いついていない状況ではありますが、複数の保険会社が同性パートナーを生命保険金の受取人とすることを認め始めたことは大きな前進であり、残された同性パートナーの生活を考えるうえで、生命保険が現実的な選択肢となったといえるでしょう。

　なお、以上は、性別の取扱いの変更をしていないトランスジェンダーとそのパートナーが戸籍上同性である場合（例えば、戸籍上男性であるMtFのトランスジェンダーと男性のカップルの場合）にも当てはまります。

5 労働問題

(1) 履歴書の性別欄

私は、MtF のトランスジェンダーです。女性ホルモンの投与は受けていますが、性別適合手術までは必要と感じておらず、戸籍の変更もしていません。現在就職活動中ですが、履歴書の性別欄に戸籍上の性別である「男」と書かなければならないでしょうか。

> A1 必ずしも戸籍上の性別を記載する必要はありませんが、会社側の対応次第の面もあり、どう記載するかは採否にも関わる難しい問題です。

 i 　自認する性別を記載すれば、あとになって経歴詐称と同様に扱われるおそれがあります。他方で、履歴書に戸籍上の性別を記載すると、面接の際に見た目が戸籍上の性別と異なっていることに驚く面接官もいると考えられるため、必ずしも戸籍上の性別を履歴書に書くほうがよいと勧めることもできません。非常に難しい問題です（後記(2)、(5)参照）。

 ii 　当初からトランスジェンダーであることを説明したうえで応募すると、トランスジェンダーであることを理由として不採用とされるおそれもあります（その際、企業はトランスジェンダーであることを理由とする不採用とは説明しないと考えられます）。

判例では、契約自由の原則から、企業がどのような者をどのような条件で雇用するかについては、法律その他の特別の制限がない限り原則として自由であるとされています（三菱樹脂事件・最大判昭和48年12月12日民集27巻11号1536頁）。ここで、現行法上、採用に関する法律その他の特別な制限としては、性別による差別（雇用機会均等法5条）及び年齢制限（雇用対策法10条）が規定されているにとどまり、性的指向や性別違和を含むセクシュアリティ（性的指向及び性自認を含む性のあり方）による差別は法律上、明確には禁止されていません。しかし、セクシュアル・マイノリティたる地位は、人がその意思によらず社会において継続的に占める地位といえますので、憲法14条1項の「社会的身分」に該当すると解釈することも可能であり、少なくとも私法の一般規定を通して私人間にも適用があることから、トランスジェンダーであることを理由とする差別は、社会的身分による差別として許されないと考えられます。

　また、国際人権法である自由人権規約26条は法の下（前）の平等を規定し、「性」を理由とした差別を禁止しています。この条項の「性」に関して、自由権規約委員会は性的指向も含まれるとの判断を示しています[4]。これを前提とすれば、憲法14条1項の「性別」

---

[4] 自由人権規約26条「すべての者は、法律の前に平等であり、いかなる差別もなしに法律による平等の保護を受ける権利を有する。このため、法律は、あらゆる差別を禁止し及び人種、皮膚の色、性、言語、宗教、政治的意見その他の意見、国民的若しくは社会的出身、財産、出生又は他の地位等のいかなる理由による差別に対しても平等のかつ効果的な保護をすべての者に保障する。」同条項は、法の下（前）の平等を定めるものであるところ、2003年、異性カップルに認められている遺族年金の同性カップルへの不支給が争われたヤング対オーストラリア事件（CCPR/C/78/D/941/2000）において、自由権規約委員会は、規約26条の「性」に性的指向が含まれることを明確に示したうえで、性別又は性的指向に基づいて申立人への遺族年金支給を拒否したことは、規約26条で規定される法の下の平等に反すると結論づけた。

にセクシュアリティも含まれると解する余地はあるといえるでしょう。したがって、セクシュアリティを理由とした差別は性別による差別として許されないとも考えられます。

ⅲ　以上のように、トランスジェンダーであることを理由とする不採用は許されない差別であり、実際に採用差別にあった場合や、採用後に戸籍上の性別と異なる申告をしたことが発覚し経歴詐称等を理由に処分がなされた場合は、法的に争う余地はあります。もちろん、履歴書送付の段階で無理にトランスジェンダーであることをカミングアウトする必要はないですが、履歴書にいずれの性別を記載するにせよ、長く働くことになる職場であれば、理解を得るように説明することが考えられます。

　戸籍上の性別を記載すればよいか、自認する性別を記載すればよいかについて明確な答えはありません。性別の記載が求められている趣旨や、ご自身の意向、会社側のトランスジェンダーに対する認識等、様々な点を考慮して、判断せざるをえないでしょう。

(2) セクシュアル・マイノリティであることを理由とした採用拒否

私は、レズビアンで大学4年生です。会社の新卒採用面接の際、採用されれば長く勤めるつもりでしたし、自分を偽って生きるのもつらいので、役員による最終面接で「最後に何か言いたいことはありますか」と聞かれた際、同性愛者であることを話しました。すると、不採用となってしまいました。この最終面接は最終意思確認のための形式的なものと事前に聞かされており、実際、私以外の候補者は全員採用されています。私が不採用となったのは、同性愛者であることを理由とするものにほかなりません。法的に争うことは可能でしょうか。

> A2 セクシュアル・マイノリティに対する不当な差別として、採用への期待権侵害を理由とする不法行為に基づく損害賠償請求を行うことが可能です。

i これは、レズビアンに限らず、ゲイ、バイセクシュアル、トランスジェンダーを含むセクシュアル・マイノリティ全般に共通する問題です。

セクシュアル・マイノリティに対する不当な差別であるとして、争う余地はあります。ただし、採用前の段階、つまり労働契約の成立前ですので、法的構成としては、採用への期待権侵害を理由とす

る不法行為に基づく損害賠償請求となるでしょう。

　また、設例とは異なりますが、採用の内定が出ていたにもかかわらず、その後、セクシュアル・マイノリティであることを理由として内定が取り消されたり、試用期間中の本採用が拒否されたりという事案であれば、解雇無効を主張し、従業員としての地位の確認を労働審判や訴訟で求めることになります。

　　ⅱ　(1)で述べたとおり、セクシュアル・マイノリティたる地位は、人がその意思によらず社会において継続的に占める地位といえますので、憲法14条1項の「社会的身分」に該当すると解釈することも可能であり、同性愛者であることを理由とする差別は、社会的身分による差別として許されないと考えられます。

　また、(1)で述べたとおり、セクシュアリティを理由とした差別は性別による差別として許されないとも考えられます。

　　ⅲ　なお、セクシュアリティは個人のプライバシーの問題であり、職務遂行上の能力等とは関連性がないため、採用にあたって考慮されるべきではありません。会社は、採用にあたって求職者の性的指向を質問・調査することは慎むべきであり、求職者においても回答の義務はありません（健康情報について、B金融公庫事件・東京地判平成15年6月20日労判854号5頁）。

　　ⅳ　採用内定の取消しに関しては、採用内定段階で、始期付解約権留保付労働契約が成立したとされ、「採用内定の取消事由は、採用内定当時知ることができず、また知ることが期待できないような事実であって、これを理由として採用内定を取り消すことが解約権留保の趣旨、目的に照らして客観的に合理的と認められ社会通念上相当として、是認できるものに限られる」とされています（大日

本印刷事件・最二小判昭和54年7月20日民集33巻5号582頁)。

　また、試用期間後の本採用拒否も、試用期間の法的性質が留保解約権付労働契約とされることから、本採用拒否（留保解約権の行使）は「当初知ることができず、また知ることが期待できないような事実を知るように至った場合において、そのような事実に照らしその者を引き続き当該企業に雇用しておくのが適当でないと判断することが、解約権留保の趣旨、目的に照らして、客観的に合理的な理由が存在し社会通念上相当として是認されうる場合にのみ許される」とされています(三菱樹脂事件・前掲最大判昭和48年12月12日)。

　セクシュアル・マイノリティであることが職務遂行に影響がある職種は通常考えられないため、客観的に合理的と認められるような事由は存在せず、セクシュアル・マイノリティであること自体を理由とする企業の解約権行使は違法となるでしょう。

　v　なお、トランスジェンダーの場合、身体的な面で不適とされる職業もきわめて稀には存在しうるかもしれませんが、例えば男性であっても身体的特徴は様々であることから、トランスジェンダーであることのみを理由とする採用拒否や、内定取消し、本採用拒否はやはり違法であると考えられます。

(3) 服装等の制限

私は、FtMのトランスジェンダーです。性別適合手術は受けていませんが、私生活でも仕事でも男性の服装をしています。ところが、会社の上司が「女性らしい髪型や服装をしなさい。」と何度も指導してきます。どのように対応したらよいでしょうか。

A3　自分の希望する服装をしたいと会社と話し合い、不利益処分が行われるようであれば法的措置をとることも考えられます。

ⅰ　まずは会社と話し合い、自認する性別の髪型や服装をしたいと申告することになります。それに対して会社が戸籍上の性別の髪型や服装をするように命令を出したり、それに従わなかったことによって解雇や降格などの不利益処分を行った場合は、従業員としての地位の確認等を求めて訴えを提起したり、労働審判を申し立てるという方法が考えられます。

ⅱ　自認する性に基づいて社会生活を送ることは、個人の尊厳（憲法13条前段）の問題と捉えることが可能です[5]。また、容貌や

---

[5] 日弁連は、刑事施設における性同一性障がい者の取扱いに関する人権救済申立事件（2009年9月17日勧告。2010年11月9日勧告の事件でも同様。）にて「性同一性障がいを有する者は性自認を変更することが困難であって自らの意思によりかかる苦痛を回避することができない以上、その苦痛の緩和には、処遇を性自認に沿った扱いとするほかない。このような精神的苦痛をもたらす状況を緩和するための具体的権利として、性自認に沿った取扱いを求める権利は、憲法第13条の個人の尊厳から導かれる人権として認められるべきである。」と述べています。

服装などの外見の自由は、ライフスタイルの自己決定権の一環として、憲法13条後段によって保障される自己決定権に含まれるとする説が学説上有力です。髪型や服装は、個性やライフスタイルを表現する手段として重要な意味を持つので、服装等の外見の自由は、人格的生存に不可欠といえるからです。他方で、企業においては、利益を追求するための業務を遂行するにあたって、一定の秩序が必要とされます。そのため、設問の場合でも、両者の調和を図り、服装等の制約の必要性や、従業員に自認する性別の服装等を認めないことによって生じる不利益などを考察し、個人の尊厳・自己決定権を不当に制約しないか慎重に吟味すべきこととなります。

　ⅲ　服装等については、性別により分類すること自体について、そもそもそれが業務遂行上の必要性・合理性を伴うものかどうか、検討が必要です。業務遂行上の必要性・合理性がなければ、分類すること自体、不当であると考えられます。

　性別により服装等を分類すること自体は認められる場合、次に、従業員が自認する性別の服装等をすることが認められるかどうか、という問題になります。

　裁判例（S社〔性同一性障害者解雇〕事件・東京地決平成14年6月20日労判830号13頁）では、MtFの従業員に対し、女性の容姿で就労しないように使用者が求めた服務命令自体は、社内外への悪影響を憂慮し当面の混乱を避けるためになされたもので一応理由があると認めた一方で、①同従業員が、会社に対し、女性の容姿での就労を求めることは理由がある、②会社の社内における、同従業員に対する違和感や嫌悪感は、同従業員の事情を認識し理解するよう社内で図ることによって、緩和する余地があるが、会社が同従

業員の意向を反映しようとする姿勢を有していたとは認められない、③会社の取引先や顧客が抱くおそれのある違和感や嫌悪感については、業務上著しい支障を来すおそれがあるとまでは認められないとしました。そして結論として、会社が、同従業員の事情を踏まえた適切な配慮をした場合、それでもなお同従業員の女性容姿での就労が企業秩序や業務遂行に著しい支障を来すとは認められないとして、女性の容姿で出社したことが懲戒解雇に相当するほどの悪質な企業秩序違反には当たらないと判断しました。

　この裁判例がどのような職種、事業内容、所属にも当てはまるとはいえないものの、自認する性別に応じた服装等をすることは人格的生存にとって不可欠ですので、自認する性別に合わせた服装等をしたいとの申出が当事者からあったとき、会社側が無配慮でいることはやはり許されないことが多いのではないかと考えられます。ほかにも、セクシュアル・マイノリティに関連する事案ではありませんが、口ひげに関して、社内規定を限定的に解釈した裁判例（東京地判昭和55年12月15日労判354号46頁）、染髪について解雇事由に当たらないと判断した裁判例（福岡地小倉支決平成9年12月25日労判732号53頁）なども参考になります。

　なお、MtFの経産省職員が、戸籍を変更しなければ女性用トイレの通常使用等を認めないとした同省の対応に関して、国に対して処遇改善と損害賠償を求め訴えた事案が、本稿執筆時点で、東京地方裁判所において審理中です。同裁判の結果も実務に大きな影響を及ぼすと予想されます。

(4) セクシュアル・マイノリティであることを理由とする昇進等における差別的取扱い

私はゲイであることをオープンにして大学卒業後ずっと同じ会社で働いていますが、配置転換、昇進・昇格等において、同期入社の人間と比べて差別的待遇を受けているように感じます。また、ある部署にいるときは賃金や労働時間の点についても、私だけ残業時間が多いのに賃金が変わらなかったりと、いじめを受けていたように思います。法的に何らかの措置をとることは可能でしょうか。

> A4 セクシュアル・マイノリティであることを理由とする差別的取扱いは許されませんから、会社側の処分を争うことが可能であると考えられます。

　i　これは、ゲイに限らず、レズビアン、バイセクシュアル、トランスジェンダーを含むセクシュアル・マイノリティ全般に共通する問題です。

　セクシュアル・マイノリティたる地位は、(1)で述べたように、人がその意思によらず社会において継続的に占める地位といえますので、労働基準法3条の「社会的身分」に該当すると解釈可能ですし、また、セクシュアル・マイノリティであることと職務遂行能力との関連性がないため、それ自体を理由とする差別的取扱いは許されません。したがって、配転命令又は同命令違反に基づく懲戒処分の無

効確認、昇格の確認、昇格時以降の差額賃金の支払、及び未払賃金の支払等を求めることが可能であると考えられます。

　もっとも、セクシュアル・マイノリティであることを理由とする差別的取扱いであるかどうかは、表立って明らかにされないことがほとんどでしょうから、同期に比べて昇進・昇格が遅いことや配置転換に際して不利益を受けていることなど、具体的なデータをもとに、セクシュアル・マイノリティを嫌悪する発言等の日常的な上司の言動等もあわせて主張し、配転命令や昇進・昇格における差別的取扱いがセクシュアル・マイノリティを理由とするものであることを立証することになるでしょう。

　ⅱ　昇進・昇格については、人事権の行使として、会社側に一定の裁量権が認められていますが、女性の昇格につき、同期の男性と比較して昇格時期に差別があるとして、昇格請求が認められた裁判例が存在します（芝信用金庫事件・東京高判平成12年12月22日労判796号5頁）。昇格、つまり職能資格の上昇は、賃金の上昇と連動しているところ、女性に関しては、賃金差別を禁止する明文規定が存在しますが（労働基準法4条）、セクシュアル・マイノリティに関しては、セクシュアリティに基づく賃金差別禁止等を明文で認めた規定が存在しません。しかし、セクシュアル・マイノリティたる地位は労働基準法3条の「社会的身分」と解釈可能ですし、職務遂行能力とは無関係なセクシュアリティによる差別は許されないと考えられます。

　ⅲ　配転命令に関しては、まず一般論として、職種や勤務地が限定された労働契約の場合、それに反する転勤命令には労働者の同意が必要とされるので、まずはこのような労働契約ではないか、確

認する必要があります。

　職種や勤務地が限定された労働契約ではなかった場合、配転（転勤）命令に関しては、①業務上の必要性が存在しない場合、②不当な動機・目的が存在する場合、③通常甘受すべき程度を著しく超える不利益が存在する場合は、権利濫用として無効とされます（東亜ペイント事件・最二小判昭和 61 年 7 月 14 日労判 477 号 6 頁）。セクシュアル・マイノリティであることを理由とする配転命令は、職務遂行とは無関係な差別であり、明らかに②不当な動機・目的が存在するため無効と考えられます。

　特に、従前の業務と乖離の大きい業務へ配転する場合は、嫌がらせや見せしめ等の不当な目的の存在が推測され、違法な配転命令と推測されるでしょう（バンクオブアメリカイリノイ事件・東京地判平成 7 年 12 月 4 日労判 685 号 17 頁）。

　なお、職能資格の降格を伴う配転命令は、そもそも就業規則等において職能資格の引下げが可能とされているかどうかを慎重に検討する必要があります（労働契約上の根拠なくされた降格及びそれに基づく賃金減額を無効とした例として、アーク証券事件・東京地決平成 8 年 12 月 11 日労判 711 号 57 頁）。

　また、職務内容の変更（配転）に伴う賃金切下げは、労働者の同意や就業規則の定めがない限り許されません。

　ⅳ　賃金や労働時間については、雇用契約及び就業規則、労働関係法規の定めに従って決定されるので、それらに違反する取扱いがなされた場合には、契約、就業規則及び法規に基づいた是正を請求することになります。さらに、そもそもそのような賃金・労働時間に関する差別的取扱いが、セクシュアル・マイノリティであるこ

とに起因する職場でのいじめ・嫌がらせである場合、安全配慮義務違反として会社に対して慰謝料請求を行うことが考えられます（川崎市水道局事件・横浜地川崎支判平成14年6月27日労判833号61頁、東京高判平成15年3月25日労判849号87頁等）。

> **コラム**　会社としてできること
>
> 　会社としては、まず誰かがセクシュアル・マイノリティの相談窓口となり、それを会社内に向けて明示することが必要です。会社内にいつでも相談できる窓口があるというだけで、セクシュアル・マイノリティの従業員が安心して働くことにつながります。
>
> 　実際に相談を受けた際は、服装、トイレ、セクハラ等本人が何に支障を感じ、悩んでいるのか、会社としてどのように対応すべきか、会社内のどの範囲（相談窓口のみ、所属部内のみ等）でセクシュアリティを共有しても大丈夫か等、本人とよく話し合ったうえで、対応していくことになるでしょう。
>
> 　ハラスメント防止規程等にセクシュアル・マイノリティに関しても明記する、人事部担当者がセクシュアル・マイノリティに関する研修を受け、他部署の管理職に対しても研修を行う等、会社での主体的な取組みも求められています。

(5) セクシュアル・マイノリティであることを理由とした解雇

 私はゲイですが、これまで職場では自身の性的指向を明らかにしてきませんでした。ところが、先日同僚に彼氏と一緒に歩いているところを目撃されてしまい、ゲイであることが職場内に広まり、騒然となりました。従業員数十名の小さな組織なので、ついには社長から、「他の従業員が嫌がっているので、これ以上会社にいてもらうことはできない。」「退職届を出すなら退職金は払う。でも自ら辞めてくれないなら解雇にするので退職金は出せない。」と言われてしまいました。このような解雇は許されるのでしょうか。

> A5 セクシュアル・マイノリティであることを理由とする解雇は許されず、地位確認等を求めて争うことができます。

ⅰ これは、ゲイに限らず、レズビアン、バイセクシュアル、トランスジェンダーを含むセクシュアル・マイノリティ全般に共通する問題です。セクシュアル・マイノリティであることを理由とする解雇は許されません。まずは、職場での理解・配慮を求めます。それでも、会社が解雇権を行使するのであれば、従業員としての地位確認等を求めて訴えを提起する、労働審判の申立てをするという方法が考えられます。

ⅱ 解雇は、客観的に合理的な理由を欠き、社会通念上相当で

あると認められない場合は、会社が解雇権を濫用したとして、無効になります（労働契約法 16 条）。

　セクシュアル・マイノリティであることは、プライベートな個人のセクシュアリティの問題であり、業務との関連性が極めて乏しいといえます。セクシュアル・マイノリティであることそれ自体は、普通解雇事由に当たらず、解雇の客観的合理的な理由となりえません。仮に、セクシュアル・マイノリティである労働者の言動が職場秩序を乱したことが懲戒解雇理由とされた場合でも、問題とされるのはあくまでも具体的な言動が企業秩序違反たりうるかであり、セクシュアリティ自体は理由となりません。

　MtF の従業員が女性の容姿での就労を求めた S 社〔性同一性障害者解雇〕事件（前掲東京地決平成 14 年 6 月 20 日）において、社内における、同従業員に対する違和感や嫌悪感は、同従業員の事情を認識し理解するよう社内で図ることによって、緩和する余地があるが、会社が同従業員の意向を反映しようとする姿勢を有していたとは認められず、会社が同従業員の業務内容や、就労環境等について適切な配慮をした場合、女性の容姿をした同従業員を就労させることが企業秩序や業務遂行に著しい支障を来すとは認められないと裁判所が判断したことも参考になります。トランスジェンダーの問題と同性愛者の問題を混同してはなりませんが、セクシュアリティに基づく言動に対する他の従業員の違和感や嫌悪感は、会社が社内で理解を求め適切な配慮をすることで、一定程度緩和される余地があり、そのような措置をとった場合は、懲戒解雇に相当するような企業秩序違反は、通常起こりえないはずです。

　なお、退職金には賃金の後払い的な性格があるとされているため、

懲戒解雇が有効となるようなケースであっても、退職金を一切支払わないことが許されることは稀です。

　　ⅲ　なお、トランスジェンダーの方で、採用の際に会社に申告した性別と戸籍上の性別が異なることが発覚した場合、ある種の経歴詐称として、就業規則上の懲戒事由に該当するのではないかということが問題となりえます。経歴詐称が懲戒解雇事由に当たるかどうか争われた裁判例では、当該経歴詐称が業務遂行や企業秩序維持を困難にするような性質・程度のものかどうかで懲戒解雇事由の有無が判断されています（炭研精工事件・東京高判平成3年2月20日労判592号77頁）。実際には、戸籍上の性別が発覚した途端に、業務遂行や企業秩序維持が困難になるとは考えがたく、仮に、他の従業員に違和感や嫌悪感が生じたとしても、会社は社内で理解を求め適切な配慮をすることが求められます。そのような措置をとったうえでもなお、採用の際に申告した性別と戸籍上の性別が異なることが、業務遂行や企業秩序維持に回復しがたい支障を及ぼすことは想定しにくいでしょう。

(6) セクシュアル・ハラスメント

 私はレズビアンでパートナーと同居していますが、会社で上司から度々「なぜ結婚しないのか」「同性愛者じゃないのか」と言われ、傷ついています。会社や上司に対して何らかの措置を求めることはできるのでしょうか。

> A6 セクシュアル・ハラスメントの一つですから、上司個人や会社に対して慰謝料請求をしたり、会社に就業環境の改善等を求めたりすることができます。

　ⅰ　これは、レズビアンに限らず、ゲイ、バイセクシュアル、トランスジェンダーを含むセクシュアル・マイノリティ全般に共通する問題です。

　セクシュアル・ハラスメントとは、広義では、相手の意に反する性的な言動、狭義では「職場において行われる意に反する性的な言動に対する労働者の対応により、当該労働者が解雇、降格、賃金減額等の不利益を受けること」（対価型）又は「当該性的な言動により労働者の就業環境が害されること」（環境型）（雇用機会均等法11条1項参照））とされています。したがって、セクシュアリティや、性的経験（恋愛経験も含む。）、結婚の予定等を会社又は上司個人が尋ねること自体が、相手方が不快に感じ、就業環境を害されるようなものであった場合、セクシュアル・ハラスメントであり、態様によっては不法行為として、上司個人や会社に対する慰謝料請求

の対象となります。

　残念なことですが、セクシュアル・マイノリティが人権課題であるとの認識が日本社会一般に定着しているとは言い切れず、いまだに職場等でもセクシュアル・マイノリティを揶揄する言動が公然となされている場合があります。セクシュアル・マイノリティを揶揄する言動は、セクシュアル・ハラスメントであると同時に差別発言ですから、職場でこれらの言動がなされないようにしなければならず、使用者にはこれらの発言を放置してはならないという職場環境配慮義務があるといえるでしょう。

　会社に対して就業環境改善を求める、加害者の配転等を求める、雇用の分野における男女の均等な機会及び待遇の確保等に関する法律上の措置（労働局長の助言・指導・勧告、紛争調整委員会の調停、厚生労働大臣による企業名の公表）を求める、上司個人の不法行為責任又は会社の使用者責任について訴訟や労働審判で争うこと等も考えられます。さらに、設問とは異なりますが、言動の態様によっては、強制わいせつ罪や、名誉毀損、侮辱罪での告訴も選択肢として考えられます。

　会社の使用者責任を問うにあたっては、男性労働者が男性上司らからいじめを受けて自殺したという事案で、いじめの態様の一つとして、女性経験がないことをからかう等した言動を認定し、他の言動と合わせて市の安全配慮義務違反を認めた裁判例（川崎市水道局事件・前掲横浜地川崎支判平成14年6月27日、東京高判平成15年3月25日）も参考になります。

　ⅱ　なお、セクシュアル・ハラスメントに関する指針（平成18年厚生労働省告示第615号「事業主が職場における性的な言動

に起因する問題に関して雇用管理上講ずべき措置についての指針」)が2013年に改正、2014年7月1日に施行され、職場におけるセクシュアル・ハラスメントには、同性に対するセクシュアル・ハラスメントも含むことが明示されています。会社は、異性間のみならず、同性間においても、相手の望まない性的な言動について、必要な措置を講ずる義務が明文で課されたことになります。

(7) セクシュアル・マイノリティと職場の福利厚生

私は、レズビアンで、レズビアンのパートナーと一緒に暮らし始めて5年になります。勤務先の会社には、家族手当の制度をはじめ結婚手当や配偶者親族の逝去のための慶弔休暇の制度等があるのですが、私も受けることはできないでしょうか。

> A7　現状では法的に会社に制度を設けるよう義務づけることは難しいですが、会社と交渉してみることが考えられます。

　これは、レズビアンに限らず、ゲイ、バイセクシュアル、戸籍上の性別を変更していないトランスジェンダー当事者（例えば、MtFのトランスジェンダーでパートナーが男性である場合）にも、共通する問題です。
　現状では法的な義務づけは難しいのですが、会社と交渉することを勧めます。東京都渋谷区の「パートナーシップ証明書」や世田谷区の「パートナーシップ宣誓書受領証」など公的な書類を受け取っていれば、交渉が容易になる可能性もあります。もっとも、証明書等があれば必ず家族手当を支給してもらえるものではなく、あくまでも事業者側の判断に委ねられているので、注意が必要です。また、例えば東京都渋谷区のパートナーシップ証明であれば、「区内の事業者に夫婦と同等に扱うよう求める」とされているので、区外の事業者には拘束力が乏しいでしょう。

証明書の有無が絶対的な基準になるものではありませんので、証明書の有無にかかわらず、会社に理解を求めて交渉することになります。当該会社に異性間の事実婚カップルに適用がある制度が既にあれば、法的な婚姻が適用の絶対条件ではないとして交渉することも考えられるでしょう。なお、本稿執筆時点では、パナソニック株式会社が就業規則を変更して同性カップルを結婚に相当する関係と規定し、また、ソニー株式会社が同性パートナーを持つ従業員を福利厚生の対象とすること（異性婚の場合と同様に扱うこと）を全従業員に通知しています。日本IBM株式会社や日本マクロソフト株式会社も、同性パートナーを異性婚の配偶者と同等に扱い、結婚祝い金等の制度を適用しています。

6 同性カップルと子ども

 同性パートナーが産んだ子どもがいて、そのパートナーと共にその子を育てています。万が一、パートナーが先に亡くなった場合に、私がその子どもを育てる方法はありますか。

> A1　同性パートナーが親権者であるのか他にも親権者がいるのかにより難しさは異なりますが、子どもを育て続ける方法はあります。

(1) 同性パートナーが親権者であり他にも親権者のある場合

例えば、同性パートナーがなかなか離婚できないため他の者との間で別居はしているが以前の婚姻関係が続いているままであり、その者との間の子についてはいずれもが親権を有している（民法818条1項。なお819条4項と対比）場合があります。

そのような場合に、同性パートナーが死亡したときには、他の生存する親権者が単独で親権を行使することになります。

したがって、生存するパートナーは、親権者としてその子を育てることはできません。もっとも、もう片方の残った親権者と子の監護について合意すれば、その子を育て続けることは可能です。

(2) 同性パートナーが親権者であり他には親権者のない場合

次に、同性パートナーが子の親権者であり、他に親権者がいない場合で、同性パートナーがその子どもを残して死亡したときについ

て説明します。パートナーが子の親権者であり、他に親権者がいない場合としては、例えば（以下のほかにもありますが）、①同性パートナーが婚姻中に子をもうけ、その後離婚によりその子の単独の親権者となっているとき（民法819条1項・2項）、②同性パートナー（女性）が婚姻することなく子を出産し、その子の父との協議又は審判で父が親権者と定められたという事情のないとき、③同性パートナー（男性）が、婚姻していない女性との間にもうけた子につき、当該女性との協議又は審判により、親権者と定められたとき（民法819条4項・5項）、④同性パートナーが、婚姻しておらず、単独で未成年の子と養親子関係にあるとき（民法795条）があります。

　この場合、「未成年者に対して親権を行う者がないとき」として、後見の開始原因が発生していることになります（民法838条1項1号）。そして、未成年者に最後に親権を行う者は、遺言で、未成年後見人を指定できます（民法839条1項。管理権を有しない者は除く。）。そのような指定がないときには、家庭裁判所は、未成年被後見人又はその親族その他の利害関係人の請求によって、後見人を選任します（民法840条1項）。未成年後見人は、子の身上監護・財産管理・法定代理について原則として親権を行う者と同一の権利義務を有します（民法857条・859条）。

　したがって、同性パートナーが生きている間に、遺言で未成年後見人として残されたパートナーを指定しておくことで、残されたパートナーが子の後見人となる方法があります。また、遺言がないときには、残されたパートナーを未成年後見人の候補者として、子（未成年被後見人）又はその親族その他の利害関係人に後見人の選任の申立てを家庭裁判所にしてもらうことが考えられます。もっと

も、家庭裁判所は、申立人の希望する候補者とは別の者を未成年後見人に選任することができます。実際にも、事案によっては弁護士などを未成年後見人に選任することが行われています。とはいえ、その場合でも財産管理は弁護士の未成年後見人が行うものの、実際の監護は子どもと従来生活関係のある者が継続することもあります。

　しかし、婚姻している父母間の子について、離婚により片方の親が単独の親権者となっている場合で、その親権者である親が死亡したとき、後見人選任がありうる唯一の道ではなく、生存する片方の親権を有していない親が自らへの親権者変更を申し立てることが認められています。ただし、その申立てにより実際に親権者変更が認められるかは、子の監護教育・財産管理への適格性などの事情をもとに判断されるため、親権者変更により他方の親の親権が常に回復されるわけではありません（なお、先に述べた同性パートナーが婚姻することなく子をもうけたとき（前記②又は③）や、同性パートナーが単独で養子縁組を行っているとき（前記④）にも同様のことがありえます。）。

(3) パートナーが生きている間にできること

　婚姻している異性の夫婦の場合には、片方が単独での親権者となっている子があるときには、もう片方の配偶者が相手配偶者の子と養子縁組することにより、夫婦両方がその子の親権者となることができます（民法795条ただし書。いわゆる連れ子養子）。他の場合であれば、未成年者を養子とするには家庭裁判所の許可を得なければなりませんが、この場合には家庭裁判所の許可は不要です（民法798条「ただし、自己又は配偶者の直系卑属を養子とする場合は、この限りでない。」）。

しかし、同性カップルの場合、片方のパートナーが単独での親権者となっている子について、もう片方のパートナーが同様の方法で養子縁組をすることにより、同性カップル双方がその子の親権者となることは、現状ではできません。親権者でない同性パートナーが養子縁組を行うためは、手続的な要件として、家庭裁判所の許可が必要になるうえ（民法798条）、その養子縁組の効果として、当該同性パートナーのみが単独親権者となってしまい、もう片方のパートナー（もともとの親権者）は親権を失うことになります（民法818条2項）。

(4) 同性パートナーがそもそも親権者ではない場合

例えば、同性パートナーが婚姻していた時に婚姻相手との間の子が生まれて、その後離婚する時に相手方が単独での親権者となったものの実際には子の監護は当該パートナーが続けており、現在は、同性カップルがともに子どもを育てているという場合には、どうしたらよいでしょうか。このような事例では、同性パートナーの死亡後に、子（未成年被後見人）又はその親族その他の利害関係人に、残されたパートナーを未成年後見人の候補者として、後見人の選任の申立てを家庭裁判所にしてもらうという方法は、他に親権者がいる以上、その親権者について管理権喪失の審判がなされるなどといった例外的な場合でない限りとることもできません。

前記のような場合、同性パートナーが、家庭裁判所に、親権者を他方から自らに変更することを求める請求をしておく（819条6項）などの方法をとるのがよいと考えられます。もっとも、親権者変更が認められるか否かの判断は諸事情を考慮のうえ行われるため、親権者変更の申立てを行っても、変更が認められない場合もあります。

7 生殖補助医療を利用して生まれる子

(1) 第三者精子提供

 私とパートナーはレズビアンのカップルです。第三者から精子の提供を受けて、私又はパートナーが医学的方法により妊娠・出産することはできますか。

A1 可能ですが、実務上は必ずしも容易ではありません。

　公益社団法人日本産科婦人科学会の会告（改定）「提供精子を用いた人工授精に関する見解」2015年6月においては、「提供精子を用いた人工授精（artificial insemination with donor's semen；AID、以下本法）は、不妊の治療として行われる医療行為であり、その実施に際しては、わが国における倫理的・法的・社会的基盤に十分配慮し、これを実施する」「2. 被実施者は法的に婚姻している夫婦で、心身ともに妊娠・分娩・育児に耐え得る状態にあるものとする。（解説）本法の対象者が法律上の夫婦であることを確認するため、戸籍謄本を提出することが望ましい。本法の実施にあたっては、同意書を各施設で責任をもって保存する。」としています。

　これは、日本産科婦人科学会の会告であって法令とは異なり、「学会は、会員が日常診療を行うにあたり、これらの会告を厳重に遵守されることを要望致します。会告を遵守しない会員に対しては、速やかにかつ慎重に状況を調査し、その内容により定款に従って適切

な対処を行います。」(同会ウェブサイト (http://www.jsog.or.jp/ethic/index.html) 2016年4月21日最終アクセス) という性質のものです。とはいえ、実際上、レズビアンカップルが第三者に提供された精子を用いた人工授精を利用する道は広くはなさそうです。

 何らかの方法で第三者から精子の提供を受けて医学的方法によりレズビアンカップルの片方が妊娠して出産したときに、生まれた子の母親は誰になりますか。

A2 生まれた子を出産した者が母親となります。

　最初に、女性Aと女性Bが、合意の上、医療機関にて不妊治療として、男性Cの精子の提供を受けて、Aが（Aの卵子により）妊娠し、出産した場合に誰が母親となるのかについて考えてみます。
　最高裁判所の判例には、争点に関する論理的な前提として「現行民法の解釈としては、出産した子を懐胎し出産した女性をその子の母と解さざるを得ず」と論じているものがあります（最二小決平成19年3月23日民集61巻2号619頁）。この論理からすれば、裁判所のもっともありうる判断としては、懐胎し出産したのはAであるから、生まれた子の母親はAとなります。
　それでは、仮に、女性Aと女性Bが、合意の上、医療機関にて不妊治療として、男性Cの精子の提供を受けて、Bの卵子とCの精子を体外で受精させて、その受精卵をAの子宮に入れて、Aが

妊娠し出産した場合はどうなるでしょうか。

　先ほどの最高裁判所の判例では続けて「その子を懐胎、出産していない女性との間には、その女性が卵子を提供した場合であっても、母子関係の成立を認めることはできない。」と判断しています。したがって、Ｂの卵子によった場合であっても、子の母は懐胎し出産したＡとなります。

　なお、男性Ｃが自らの子として認知できるのか、あるいはＣに対して認知を求めることができるのかについては、直接の先例も無く、法律家によって相当に意見の分かれる問題であるとも考えられますので、ここで結論を示すことは控えます。

(2) 代理母

 男性Aと男性Bの同性カップルが、女性Cに依頼して、Aの精子とCの卵子を用いて、体外受精によって得た受精卵をCの子宮に入れて、Cに懐胎し出産してもらった場合、子の母親と父親はそれぞれ誰になりますか。

> A3　子の母親は日本法上はCになります。子の父親はAが認知できるときには認知によりAとなります。

　この場合、生まれた子どもの母親は、おそらくCとなるものと考えられます（前掲最二小決平成19年3月23日）。これでは、Cが母となることを希望しないときであっても母として扱われることになり、この点は問題です。とはいえ、Cとの間の母子関係を否定する手段は民法上用意されていないでしょう。
　そして、Cが婚姻しているときには、民法772条があることから、Cの夫が父親となるのかどうか検討されることになると考えられます。もっとも、この点についての直接の先例はありません。また、子が安定した法的父子関係を与えられる利益という点からいってもCの夫との間に父子関係を発生させる必要性は皆無と考えられますので、民法772条の適用があるのかどうかについては相当な議論がありうるのは確かです。したがって、法的父子関係の発生についてどのような結論になるかの判断は困難です。
　Cが婚姻していないときには、Aが子どもを認知することが考

えられます。Cが婚姻しているときには、大抵の場合Cの夫の子ではないことを確認する法的手続をとるなどしてからAが認知することになると思われます。

なお、公益社団法人日本産科婦人科学会の会告「代理懐胎に関する見解」（2003年4月）においては、「代理懐胎の実施は認められない。対価の授受の有無を問わず、本会会員が代理懐胎を望むもののために生殖補助医療を実施したり、その実施に関与してはならない。また代理懐胎の斡旋を行ってはならない。」としています。

(3) 特別養子縁組

以上のように、第三者の関与する生殖医療技術を用いて子どもが生まれたときには、親子関係の確定において困難な問題が発生することがあります。実際に子どもの養育を行っている者が法的には親ではないという事態も発生することがあります。

このような場合、実際のケースでは、特別養子縁組や養子縁組の制度が用いられることがあるようです。現状でも法律婚の可能な異性のカップルが特別養子縁組を利用した例が報告されています。

例えば、神戸家姫路支審平成20年12月26日家月61巻10号72頁では、「本件は、いわゆる代理出産により出生した事件本人について、卵子及び精子を提供した申立人ら夫婦との特別養子縁組許可の申立てをした事件である。いわゆる代理出産については、医学的、倫理的・社会的、法的各側面から、その是非を含めた様々な議論がされ、上記最高裁判所決定においても、法制度としてどう取り扱うか改めて検討されるべき状況にあり、医療法制、親子法制の両面にわたる検討を経て、立法による速やかな対応が強く望まれるとされている（なお、いわゆる代理出産の検討状況について、日本学

術会議生殖補助医療の在り方検討委員会平成20年4月8日報告「代理懐胎を中心とする生殖補助医療の課題―社会的合意に向けて―」参照)。しかし、出生した子と、血縁上の親との間にどのような関係を成立させるかについては、代理出産の是非と必然的に連動するものではなく、出生した子の福祉を中心に検討するのが相当であり、上記最高裁判所決定の補足意見においても、事案によっては、法的に親子関係を成立させるため、現行法において、特別養子縁組を成立させる余地がある旨が指摘されている。」「そうすると、本件においては、申立人ら夫婦の養親としての適格性及び事件本人との適合性にはいずれも問題がない上、申立人ら夫婦は、事件本人の血縁上の親であり、事件本人を責任を持って監護養育していく真摯な意向を示していること、他方、A及びB夫婦は、申立人ら夫婦が事件本人を責任を持って育てるべきであると考えており、事件本人を自身らの子として監護養育していく意向はなく、かかるA及びB夫婦に事件本人の監護養育を委ねることは、その監護が著しく困難又は不適当であることその他特別の事情があると認められるから、事件本人を申立人ら夫婦の特別養子とすることが、その利益のために特に必要があるというべきである。」との判断が示されています。

8 パートナーシップ解消

(1) 同性パートナー間紛争の手続利用

長年生活を一緒にしてきた同性のパートナーと別れることになりました。しかし、一緒に住んできた家のことや、これまで二人で築いた財産をどうするかといった条件について、折り合いがついていません。二人で話し合っても解決できなかった場合、第三者が間に入ってくれる方法はないでしょうか。

A1 家事調停の利用が望ましいです。その他には民事調停・紛争解決センターの利用が可能です。

同性パートナーとの交際関係の解消自体には、離婚と異なり、相手方の同意を必要としません。しかし、二人の関係を解消したとしても、二人で築いた財産をどうするか、その後の生活をどうするかといった問題は残り、それらを二人で話し合って解決することが困難な場合があります。

そのような場合、異性カップルの離婚であれば、裁判所の調停や訴訟といった法的手段を利用して解決を図ることが可能です。しかし、同性カップルの関係解消については、「身分関係の形成又は存否の確認を目的とする訴え」を対象としている「人事訴訟」（人事訴訟法2条）には含まれないため[6]、人事訴訟手続を利用すること

はできないと解される可能性があります。これに対し、家事調停については、「家庭に関する事件」が対象となっており（家事事件手続法244条）、「家庭」は法律婚をしている夫婦に限られるわけではないことから、法律婚をしていない異性間の内縁関係の調整調停も行われています。このように法律婚以外のカップル関係解消についても家事調停内で話し合うことは認められているのですから、同性カップルの関係解消についても家事調停内で話し合うことは可能とも解されます。また、仮に家事調停として受け付けてもらえない場合・調停をしてもらえない場合（家事事件手続法271条）でも、「民事に関して紛争を生じた」として、民事調停を申し立てることは十分に可能と考えられます（民事調停法2条）。もっとも、同性カップルの関係解消の話合いは、事案の性質上、家事事件に精通している調停委員による調停のほうが適切ですから、家事調停として受け付けられることが望まれます。

また、裁判手続以外のものとして、弁護士会が運営する紛争解決センターを利用することが考えられます。

なお、以上のことは、性別の取扱いの変更をしていないトランスジェンダーとそのパートナーが戸籍上同性である場合（例えば、戸籍上男性であるMtFのトランスジェンダーと男性のカップルの場合）にも当てはまります。

---

6 「『身分関係』とは、夫婦、親子その他の親族関係をいう。」『新基本法コンメンタール 人事訴訟法・家事事件手続法（別冊法学セミナー No.225）』（日本評論社、2013年）。

(2) 同性パートナーの財産分与

同性のパートナーと長年交際してきましたが、別れることになりました。私は、長年、パートナーのための家事を専業にしていて働いていなかったため、別れた後の生活の糧をどうすればよいのか不安です。パートナーに財産分与の請求をすることは可能ですか。

> A2　法律婚のカップルと同内容の財産分与請求をすることはできませんが、合意や共有物分割によって、二人で築いた財産を清算することは可能です。

　婚姻している異性カップルの場合、離婚するに際して、婚姻中に夫婦で築いた財産の分与を相手方に請求することができます（民法768条）。しかし、財産分与が離婚の効果であることからすると、同性カップルが関係を解消する場合に法律上の財産分与請求権が認められる可能性は低いと考えられます。もっとも、カップル間で話合いを行い、二人で築き上げた財産をどのように分配するかについて合意が成立すれば、財産分与と同様の効果を得ることは可能です。

　なお、不動産等、共有名義となっている財産がある場合には、共有物分割を行うことによって、財産分与の代替手段として利用することも可能です。もっとも、共有物分割は財産分与と異なり、自己の持分の範囲でしか財産を取得できないため、後に関係が解消された場合に備えて、財産の名義にかかわらず、どのように財産を分け

るかについて、パートナーとの間で事前に合意しておくことも有用です。

　なお、以上のことは、性別の取扱いの変更をしていないトランスジェンダーとそのパートナーが戸籍上同性である場合（例えば、戸籍上男性であるMtFのトランスジェンダーと男性のカップルの場合）にも当てはまります。

(3) 同性パートナーの慰謝料請求

私は同性のパートナーと長年交際してきました。パートナー関係を解消する際に、相手に慰謝料を請求することはできますか。

> A3　婚姻制度を前提としない同性のパートナー関係が法的に保護されるかは不透明ですが、事情によっては、慰謝料が認められる可能性があります。

i　性格の不一致によるパートナー関係の解消

　パートナー関係解消による慰謝料請求の法的根拠としては、債務不履行に基づく損害賠償請求（民法415条）と、不法行為に基づく損害賠償請求（民法709条・710条）が考えられます。異性間の内縁関係の場合、「内縁を不当に破棄された者は、相手方に対し婚姻予約の不履行を理由として損害賠償を求めることができるとともに、不法行為を理由として損害賠償を求めることもできるものといわなければならない。」として、債務不履行と不法行為に基づく損害賠償請求のいずれの請求も可能となっています（最二小判昭和33年4月11日家月10巻4号21頁）。これは内縁関係を婚姻に準ずる関係と見ていることを前提としています。すなわち、婚姻に与えられる法的保護を内縁関係にも広げ、内縁関係にも婚姻に類似した法的保護を与えています。それゆえに、内縁を不当に破棄した場合は、婚姻をしようという黙示の合意を破ったことによる債務不

履行や、内縁の実質的配偶者としての法的権利が侵害されたことによる不法行為が認められうるのです。

　これに対して、同性カップルについては現在では婚姻が認められていないことから、仮に異性カップルの事実婚と同じ状況であったとしても、婚約に匹敵する当事者間の合意及びそれに対する保護法益がないとみなされる可能性は否定できません。

　債務不履行に基づく損害賠償請求について検討すると、婚姻の予約としての婚約に法的な効力が与えられることはありますが、婚姻制度が存在しない同性パートナー関係について法的効力が与えられるかは不透明ですので、請求が認められるかどうかも不透明です。

　不法行為に基づく損害賠償請求との関係でも、婚姻制度が存在しない同性パートナー関係に、内縁のような法的保護が与えられるかは不透明ですので、請求が認められるかどうかは不透明といわざるをえません。

　もっとも、内縁関係にない男女カップルの関係解消について、不法行為に基づく損害賠償が請求された事案で、裁判所は、不法行為に基づく損害賠償請求を認めない理由の一つとして、「住居を異にしており、共同生活をしたことは全くなく、それぞれが自己の生計を維持管理しており、共有する財産もなかったこと」や「一方が相手方に無断で相手方以外のものと婚姻をするなどして上記の関係から離脱してはならない旨の関係存続に関する合意がされた形跡はない」ということを挙げています（最一小判平成16年11月18日判タ1169号144頁）。この判例からすると、内縁関係の成立がない場合でも、共同生活のあり方や関係存続の合意の存在により、不法行為に基づく損害賠償請求が認められる余地があるとも考えられ

ます。つまり、婚姻関係を前提としないカップル関係でも、法的保護を与えられる余地があり、そうであれば、同性カップルの関係についても具体的な事情のもとで不法行為に基づく損害賠償が認められる可能性はあると考えられます。

ii　暴力を原因とするパートナー関係の解消

パートナーの暴力が原因となってパートナー関係を解消する場合、パートナー関係解消に伴う慰謝料請求と個別の暴力行為に対する慰謝料請求が考えられます。

前者が認められるかは、前記 i でも述べている同性パートナー関係に法的な保護が与えられるか否かで結論は変わります。後者については、暴力行為自体が不法行為（民法 709 条・710 条）に該当するので、慰謝料が認められます。

iii　不貞行為を原因とするパートナー関係の解消

同性パートナーが交際相手以外の人と性的な関係を持った場合に慰謝料が認められるかについては、そもそも、交際相手以外の人と性的な関係を持つことが不法行為に当たるかという点が問題となります。

結婚しているカップルについても、不貞行為が不法行為に当たるかについて、様々な見解があります。この点、配偶者から不貞を行った第三者に対する損害賠償請求事件において、最高裁は「夫婦の一方の配偶者と肉体関係を持った第三者は、故意又は過失がある限り、右配偶者を誘惑するなどして肉体関係を持つに至らせたかどうか、両名の関係が自然の愛情によって生じたかどうかにかかわらず、他方の配偶者の夫又は妻としての権利を侵害し、その行為は違法性を帯び、右他方の配偶者の被った精神上の苦痛を慰謝すべき義務があ

るというべきである。」(最二小判昭和54年3月30日民集33巻2号303頁)と述べており、不貞行為が違法になる理由として、他方の配偶者の夫又は妻としての権利を侵害するからだと説明しています。さらに最高裁は、配偶者から不貞を行った第三者に対する損害賠償請求事件において、婚姻関係がその当時既に破綻していたときは、特段の事情のない限り、不法行為責任を負わないものと解するのが相当であると述べており、その理由して、不法行為となるのは、それが婚姻共同生活の平和の維持という権利又は法的保護に値する利益を侵害する行為ということができるからであると説明しています(最三小判平成8年3月26日判タ908号284頁)。これらのことからすると、不貞行為が違法性を帯びるには、婚姻関係によって形成されている婚姻共同生活の平和の維持という権利又は法的保護に値する利益が前提となっていると解されます。これらの判例は、不貞行為を行った第三者に対する損害賠償請求についてのものですが、配偶者が不貞行為を行った他方の配偶者に対して損害賠償を請求する場合にも、このような議論がおおむね妥当するように思われます。

　内縁関係の場合であっても、不貞行為を行った配偶者と第三者に対する不法行為責任を認めた裁判例があることから(東京地判昭和33年12月25日家月11巻4号107頁)、少なくとも内縁関係については、婚姻関係に準ずるものとして、法的な保護が与えられています。そうであれば、不貞行為が原因で同性パートナー関係を解消する際も、前記 i と同様に、具体的な事情のもとで損害賠償請求が認められる可能性はあるでしょう。

　なお、以上のことは、性別の取扱いの変更をしていないトランス

ジェンダーとそのパートナーが戸籍上同性である場合（例えば、戸籍上男性である MtF のトランスジェンダーと男性のカップルの場合）にも当てはまります。

9 相　続

 同性パートナーに遺産を渡すにはどうすればよいですか。

> A1　同性パートナーは、法定相続人（民法887条以下）に当たらず、相続権がないため、原則として遺産を承継することはできません。同性パートナーに遺産を渡すためには、①遺贈、②死因贈与契約又は③養子縁組の方法が考えられます。

i　遺　贈

　遺贈とは、遺言書を作成して、特定の又は包括的な財産をパートナーに承継させる方法です（民法964条以下）。遺言書は、遺言者が単独で作成できるので、例えば、パートナーに遺言書を作成することを知らせたくない場合にも作成することが可能です。

　遺言書には、遺言者が自筆して作成する自筆証書遺言、公証役場等で公証人に依頼して作成する公正証書遺言などがあります。公正証書遺言のほうが、信用力が高く、後に争いが生じた場合に遺言内容が覆されにくいといえますし、自筆証書遺言に必要とされている検認手続が不要です（民法1004条1項・2項。検認とは、裁判所において相続人、受遺者等の立会いのもと遺言の存在及び内容を確認し、検認の日現在における遺言書の状態、内容等を明確にして遺言書の偽造・変造を防止するための手続です。）。さらに、公正証書

の遺言書は公証役場で保管してもらえるので安心です。

　遺言は、いつでも遺言の方式に従って撤回することができます（民法1022条）。

　遺言者に法定相続人がいる場合には、本人の死後に遺言書の有効性が争われる、法定相続人（兄弟姉妹以外）から相手方パートナー（受遺者）に対し、遺留分減殺請求（民法1031条以下）がなされるなど、紛争が起こる可能性があります。このような紛争を避けるには、遺言書を作成した事情を法定相続人に理解してもらえるよう配慮（事前に遺言者本人から法定相続人に遺言書を作成した事情を説明する、事前に説明することが難しい場合は、遺言の附言事項に事情を記載しておく等）をしたり、法定相続人の遺留分を侵害しないような分け方を工夫したりすることが考えられるでしょう。また、弁護士等の専門職を遺言執行者に選任しておく（民法1006条）ことも有用でしょう。

ⅱ　死因贈与契約

　死因贈与とは、本人の死亡によって効力が生じる贈与契約をパートナーと結ぶ方法です（民法554条）。パートナーと合意のうえで契約書を作成します。遺言書の場合と同じ理由で、死因贈与契約書も公正証書で作成したほうが望ましいでしょう。死因贈与も本人がいつでも撤回することができます（最一小判昭和47年5月25日民集26巻4号805頁）。

　法定相続人との紛争が起こる可能性があること、それを回避するために法定相続人に対する配慮が必要となることは、遺贈の場合と同じです。

　なお、自分が亡くなった時に贈与することと引き換えに相手方

パートナーに一定の義務（例えば自分と同居して介護をすること等）を負担させる負担付死因贈与（民法553条参照）という方法もあります。負担付死因贈与の場合で、すでに負担が一定程度履行されている場合は、取消しが制限される場合があるため（最二小判昭和57年4月30日民集36巻4号763頁等）、同性パートナーと不仲になった場合などに備えて撤回の余地を残しておきたいときは、注意が必要です。

iii 養子縁組

同性パートナーと親子関係となり、親についての子（民法887条1項）、子についての親（民法889条1項1号）として法定相続権を取得する方法です（民法792条以下）。その方法、効果、注意点等については後記「10 パートナーとの養子縁組」を参照してください。

iv 相続税

遺贈又は死因贈与契約の場合、被相続人の一親等の血族及び配偶者以外の者に対するものとして、通常の相続税の2割が加算されます（相続税法18条）。

配偶者控除（配偶者が取得した遺産は、「1億6000万円」と「配偶者の法定相続分相当額」のいずれか大きい額までは相続税がかからない措置。相続税法19条の2）は、法律上の婚姻関係にある配偶者に限られるため、同性パートナーは対象となりません（事実婚の異性パートナーも対象外とされています。相続税基本通達19-2-2）。

これに対し、養子縁組の場合は、親子間（被相続人の一親等の血族等）の相続ですので、2割加算の対象にはなりません。

【書式4】公正証書遺言

公正証書遺言

第1条 遺言者は、遺言者の所有する財産を一部換価し、その換価金の中から遺言者が負担していた一切の債務を弁済し、かつ、遺言者の葬儀及び埋葬費用並びにその他遺言の執行に関する諸費用を控除した残りの金額及びその余の遺言者の所有する財産を＿＿＿＿＿＿＿（平成　　年　　月　　日生）に遺贈する。

2　遺言者の所有する財産は下記のとおりである。

(1) 区分所有建物（敷地権付）の共有持分2分の1
　（一棟の建物の表示）
　　　　所　　在　＿＿＿＿＿＿＿＿＿＿＿＿＿＿＿
　　　　建物の名称　＿＿＿＿＿＿＿＿＿＿＿＿＿＿
　（専有部分の建物の表示）
　　　　家 屋 番 号　＿＿＿＿＿＿＿＿＿＿＿＿＿＿
　　　　建物の名称　＿＿＿＿＿＿＿＿＿＿＿＿＿＿
　　　　種　　類　　＿＿＿＿＿＿＿＿＿＿＿＿＿＿
　　　　構　　造　　＿＿＿＿＿＿＿＿＿＿＿＿＿＿
　　　　床 面 積　　＿＿＿＿＿＿＿＿＿＿＿＿＿＿
　〔以下略〕

(2) 預金債権
　　＿＿＿＿＿＿銀行　＿＿＿＿＿支店　＿＿＿＿＿預金
　　　　口座番号　＿＿＿＿＿＿＿＿＿＿
　　　　口座名義　＿＿＿＿＿＿＿＿＿＿

(3) 預金債権
　　＿＿＿＿＿＿銀行　＿＿＿＿＿支店　＿＿＿＿＿預金
　　　　口座番号　＿＿＿＿＿＿＿＿＿＿
　　　　口座名義　＿＿＿＿＿＿＿＿＿＿

(4) 株　　式
　　　　株式会社名　＿＿＿＿＿＿＿
　　　　数　　量　　＿＿＿＿＿＿＿
　　　　記　　号　　＿＿＿＿＿＿＿

第2条　遺言者の葬儀は、＿＿＿＿＿が定める場所において、同人を喪

主として執り行うものとする。
2　遺言者は、遺言者の祭祀を主宰すべきものとして＿＿＿＿を指定する。
第3条　遺言者の遺骨は、下記墓地に埋葬するものとする。
　　　名　　　称　＿＿＿＿＿＿＿＿＿＿＿＿＿＿＿＿＿＿＿＿
　　　所　在　地　＿＿＿＿＿＿＿＿＿＿＿＿＿＿＿＿＿＿＿＿
第4条　遺言者は、本遺言の執行者として次の者を指定する。
　　　事　務　所　＿＿＿＿＿＿＿＿＿＿＿＿
　　　職　　　業　弁護士
　　　氏　　　名　＿＿＿＿＿＿＿
　　　生年月日　昭和　　年　　月　　日生
2　遺言執行者は、この遺言の執行のため下記の行為につき単独で執行することができるものとし、必要と認めたときは、第三者にその任務を行わせることができる。
　(1)　預貯金等の払戻し及び解約並びに払戻金及び解約金の受領
　(2)　本遺言の執行に関する諸費用の支払
　(3)　その他本遺言の執行に必要な一切の行為
3　遺言執行者は、第1条1項に基づいて遺言者の所有する財産を換価する場合には、その選択につき受遺者である＿＿＿＿の意向を確認する。

［附言事項］
1　私は、平成　　年　　月　　日、＿＿＿＿さんと人生を共にすることを決意し、互いに助け合い、婚姻関係と同等の関係として生活してきました。私が充実した人生を歩むことができたのも＿＿＿＿さんのおかげです。本当に感謝しています。そのため、＿＿＿＿さんに全ての財産を引き継いでもらいたいと思います。第1条2項1号に記載した建物は＿＿＿＿さんと同居しているマンションなので、そのまま＿＿＿＿さんに住み続けてほしいと思います。
2　お父さんやお母さん、お兄さんには伝えられずにいましたが、＿＿＿＿さんは本当にすばらしい人ですので、私の死後、葬儀や相続で争わないようお願いいたします。

　　　　　　　　　　　　　　　　　　　　　　　　　　以上

なお、以上のことは、性別の取扱いの変更をしていないトランスジェンダーとそのパートナーが、戸籍上同性である場合（例えば、戸籍上男性であるMtFのトランスジェンダーと男性のカップルの場合）にも当てはまります。

同性パートナーが突然亡くなりました。遺言書などは作成していませんし、養子縁組もしていません。パートナーの遺産は一切受け取れないのでしょうか。

> A2　パートナーと共同経営者であった、お互いの収入で生計を維持してきた等の事情がある場合は、パートナーの遺産であっても、あなたの共有持分があることを主張できる場合があります。また、法定相続人がいないときには、特別縁故者として相続財産の清算後残存すべき相続財産の全部又は一部を受け取ることができる場合があります。

i　共有持分を主張する

以下のとおり、法定相続権のない異性間の内縁配偶者について、被相続人と共同経営の実態がある、お互いの収入で生計を維持してきた実態がある等の事情がある場合、被相続人の遺産を、被相続人と内縁配偶者の2分の1ずつの共有と認めた裁判例があります。

①　大阪高判昭和57年11月30日（『別冊ジュリストNo.99 家族法判例百選（第四版）』（有斐閣、1988年）56頁）

事実婚夫婦が共同して家業を経営し、その収益から夫婦の共同生活の経済的基礎を構成する財産として購入した不動産（夫単独名義）を夫婦の共有財産とし、民法250条（「各共有者の持ち分は相等しいものと推定する」）により2分の1ずつの共有と認めたもの。

②　名古屋高判昭和58年6月15日判タ508号112頁

事実婚夫婦の双方の収入を合算して共同生活費としていたケース

で、夫の単独名義で貯蓄していた預金を2分の1ずつの準共有と認めたもの。

　これらの裁判例を参考に、同性パートナーの場合にも、亡くなったパートナーの遺産の2分の1について、他方パートナーに共有持分があると認定される可能性があると思われます。

ⅱ　特別縁故者

　亡くなった本人に相続人がいることが明らかでない場合（相続人が全員相続放棄する等して相続人不存在となった場合を含む。）、パートナーが特別縁故者（民法958条の3）として相続財産の清算後残存すべき相続財産の全部又は一部を取得することができることがあります。

　特別縁故者とは、本人と生計を同じにしていた、又は療養看護に努めた等の特別の縁故があった者（「被相続人との間に具体的かつ現実的な精神的・物質的に密接な交渉のあった者で、相続財産をその者に分与することが被相続人の意思に合致するであろうとみられる程度に特別の関係にあったもの」大阪高決昭和46年5月18日家月24巻5号47頁）をいいます。

　手続としては、利害関係人として、相続財産管理人の選任を家庭裁判所に申し立てたうえ（民法952条1項）、定められた期間内に特別縁故者の申立てをします（民法958条の3）。取得できる相続財産の金額は、家庭裁判所が定めます。

　なお、以上のことは、性別の取扱いの変更をしていないトランスジェンダーとそのパートナーが、戸籍上同性である場合（例えば、戸籍上男性であるMtFのトランスジェンダーと男性のカップルの場合）にも当てはまります。

10 パートナーとの養子縁組

 同性パートナー（戸籍上の性別が同一であるパートナー）と養子縁組（普通養子縁組）をする場合、どのような手続が必要ですか。

A1　養子縁組（普通養子縁組）は、原則的に本人同士が養子縁組をすることに合意して届出をすることにより効力を生じます（民法799条・739条）。しかし、一定の法定の制限（障害事由）があります（民法792条～798条）。

特に注意が必要な障害事由は次のとおりです。
① 養親は成年でなければならない（民法792条）。
② 養親より年上の者が養子になることはできない（民法793条）。
③ 配偶者がいる場合は原則配偶者の同意が必要（民法796条）。
④ 養子が未成年者の場合は原則家庭裁判所の許可が必要（民法798条）。

手続としては、養親及び養子となる者が、①養子縁組届（成年証人2名の署名が必要）、②本人確認書類、③印鑑、④養親及び養子の戸籍謄本（届出先に本籍地がある者については不要）等の必要書類を、養親又は養子の本籍地又は届出人の所在地の市区町村の役場に提出することになります。

養子縁組届は不備がない限り原則受理されますが、なぜ養子縁組をするのか、理由を詮索された例があります。

また、平成22年12月27日付けの法務省民事局通達によれば、縁組意思がない虚偽の養子縁組であると疑われる届出について市区町村長から管轄の法務局長等への照会、調査等が行われることがあります。ただし、ここで例示されているのは過去に縁組・離縁が短期間に複数回行われている場合等ですので、同性婚を目的とした養子縁組が直ちに調査の対象となるとは限りません。

なお、養親又は養子が外国人の場合、養子縁組は、養親になる者の本国法に従い行います。そのため、養親が日本国籍の場合は日本の法律に従い手続ができますが、養親が外国籍の場合は養親の本国法を調査する必要があります。また、養親が日本国籍のため日本で手続を行う場合でも、養子が外国人の場合は、養子となる者の本国法の保護要件も満たさなければならないとされています（法の適用に関する通則法31条1項）。

同性パートナーと養子縁組をした場合、パートナーとの関係はどうなりますか。

> A2　現在、婚姻については戸籍上の異性間の届出しか受理されないところ、養子縁組を行うことで、婚姻ができない同性パートナー間でも法的な親族（親子）となることができます（民法809条）。

ただし、貞操義務、同居義務等が生じない、養子が未成年のときは養親の親権に服する（民法818条2項）、氏は養親と同じ氏となり（民法810条本文）氏を選択できないなど、婚姻とは異なる点もあります。

また、養親が死亡した場合、養子は第一順位の相続人ですが、養子が先に死亡した場合、第一順位の相続人は「養子」の配偶者や子であり、養親は第二順位の相続人となります（民法887条・889条）。そのため「養子」となったパートナーが先に死亡した場合で、同パートナーに法律上の配偶者や子がある場合、「養親」のパートナーが最優先の相続人とはなりません（法律上の配偶者等が遺産を相続した場合、パートナーは遺産を受け取れません。）。

同性パートナーと養子縁組を行う場合、注意すべき点はありますか。

A3　普通養子縁組では実親子関係は終了しないため、実親（実子）、養親（養子）が共に相続権を有することになります。そのため、実親（実子）と養親（養子）の間で相続問題が起こる可能性がありますので注意が必要です。

相続問題が起こった場合、縁組意思（民法802条1号）がない等の理由で養子縁組無効確認の訴えが起こされる可能性があります（最一小判昭和23年12月23日民集2巻14号493頁）。特に、

亡くなったパートナーがカミングアウトしておらず、死後、実親等に同性愛関係を知られた場合、感情的なもつれから紛争となることは十分予想されます。もっとも、判例は、主として相続や扶養などの財産的関係を築くことを目的としていても、それ以外に養親子としての人間関係、精神的つながりを築く意思があるときは縁組意思を認める傾向にあるようです（最二小判昭和 38 年 12 月 20 日家月 16 巻 4 号 117 頁、大阪高判平成 21 年 5 月 15 日判時 2067 号 42 頁等）。これを前提にすれば、実態が同性カップルであることで直ちに縁組無効と認められるとは限らないでしょう。

　また、養子と養親の血族との間に親族関係が成立し（民法 727 条）、扶助義務（民法 730 条）、扶養義務（民法 877 条）が生ずることにも注意が必要です。

　さらに、現行法では養親子関係にあった者は離縁後も婚姻ができないため（民法 736 条）、養子縁組後、同性婚が可能になった場合であっても、現行法を前提とすると、離縁して婚姻することはできません。ただし、この点については、同性婚を認める立法の過程で同時に解決される可能性はあります。

　なお、以上のことは、性別の取扱いの変更をしていないトランスジェンダーとそのパートナーが、戸籍上同性である場合（例えば、戸籍上男性である MtF のトランスジェンダーと男性のカップルの場合）にも当てはまります。

11 トラブル

(1) DV

Q1　同居している同性パートナーから暴力を振るわれたり、暴言を浴びせられたりしています。どうしたらよいでしょうか。

> A1　パートナーと距離を置き、身の安全を図りましょう。弁護士が介入してパートナーと交渉したり、警察への相談に同行したりすることも有用です。また、セクシュアル・マイノリティのための相談窓口のほか、地方公共団体設置のDV相談窓口で、シェルター避難などの対応が可能か相談してみてもよいでしょう。

　交際相手からの暴力は、異性カップルであるか同性カップルであるかを問わず起こりうるものです。暴力の態様には、殴る・突き飛ばすなどの身体的暴力や、望まない性的行為を強要するなどの性的暴力のほか、収入がない相手方に対し生活費を渡さないなどの経済的暴力、暴言を吐くなどの精神的暴力等、様々なものがあります。
　暴力の被害を受けると、深く傷ついてしまうことはもちろん、「相手が暴力を振るうのは自分が悪いからではないか。」等と考え、自信がなくなり、自己評価が低くなってしまうことも少なくありません。

被害を受けた場合、身を守るための最も確実な手段は加害者から離れることであるといえますが、暴力の程度や加害者との関係性、経済的な事情等から、すぐに交際を断ち切ったり、別居に踏み切ったりすることが難しい場合もあると思われます。しかし、特に身体的な暴力は、どのような関係性にある相手との間であっても、暴行罪（刑法208条）、傷害罪（刑法204条）等の犯罪に該当しうるものであることから、110番通報するなどして警察の介入を求めることも有効な手段の一つです。もっとも、同性カップルの場合、カップルであるという事実自体を周りに隠していたり、被害者・加害者双方の属しているコミュニティが異性カップルと比べて狭かったりする（噂などがすぐ広まってしまう）場合があることから、「大事（おおごと）にしたくない」等と、警察への通報や相談をためらうことも少なくありません。

　しかしながら、交際相手に対する暴力は、いったん治まってもまた繰り返されることが多く、時間が経つにつれてエスカレートする場合もあります。セクシュアル・マイノリティのための相談窓口を開設している機関（第5章2参照）や、地方公共団体が設置しているDV相談窓口（窓口がわからない場合、内閣府男女共同参画局が運営するDV相談ナビ（電話番号：0570-0-55210）に電話をかけると、発信地等の情報から最寄りの相談機関の窓口に自動転送され、直接相談することができます。）等に相談するなどしながら、状況をよく見極める必要があります。そのうえで、加害者との別離を決意したときには、弁護士が介入して加害者との連絡の窓口となったり、警察への相談に同行したりといったことも有用です。また、暴力によってけがをしたり、精神的な症状を発症するなどした

場合には、加害者に対し治療費や慰謝料等を請求することも考えられますが、その具体的な金額を検討したり、身の安全を守りながら加害者に対する請求を行うにあたっても、弁護士が介入することが重要であるといえます。

　なお、すぐに加害者を逮捕してもらうなどの刑事手続までは希望しない場合でも、警察に相談することによって、その後加害者がつきまとい行為等をするようになった際にストーカー行為等の規制等に関する法律（次項）に基づく対応をとってもらうことなども可能になります。

　また、同居中のカップルで、経済的な事情等から避難先が見つからない場合、女性（MtF のトランスジェンダーを含む。）であれば、異性カップルの女性被害者を対象とするシェルターに避難することが考えられます。他方、被害者が男性（FtM のトランスジェンダーを含む。）である場合、男性用シェルターはまだ少ないことから、受け入れ先を見つけるのが事実上難しい場合が多いものと思われます。もっとも、男性被害者を対象とする DV 相談窓口も増えており、被害者が男性であれば同性愛・異性愛の別が問われるものではありませんので、前記の DV 相談ナビで問い合わせるなどして、まずは相談窓口を探してみるとよいでしょう。また、身体的暴力を受けており緊急性が高い場合には、犯罪被害者のための宿泊施設提供制度等を数日だけでも利用できる場合もありますので、警察に相談してみるとよいでしょう。

　なお、同性カップルの場合、現時点では、配偶者からの暴力の防止及び被害者の保護等に関する法律（いわゆる「DV 防止法」）の適用対象にはならないというのが裁判所の基本的見解であると思わ

れるため（後記コラム「同性カップルに対するDV防止法の適用」参照）、保護命令の発令を受けることは困難である可能性が高いといえます。しかし、民事保全処分としての「接近禁止の仮処分」や「面談強要禁止の仮処分」（裁判所が加害者に対し、「被害者に半径○メートル以上接近すること」や「被害者に面談を強要すること」を禁止し、違反した場合には被害者に金銭を支払わなければならないという内容の命令を発するもの）の発令には性的指向や性自認などの要件はありませんので、さらなる暴力や強要などの危険がある場合には、証拠を集めて裁判所に申立てを行うとよいでしょう。

コラム　同性カップルに対するDV防止法の適用

　従前、DV防止法の適用対象は、現に結婚（事実婚を含む。）している相手方か、結婚していた頃に暴力を受けていて離婚した相手方からの暴力を受けた者に限定されていました。しかし、2014年の法改正により、「生活の本拠を共にする交際（婚姻関係における共同生活に類する共同生活を営んでいないものを除く）関係にある（あった）相手方からの暴力」を受けた者も同法の適用対象に含まれることになり、結婚せずに同居している交際相手からの暴力を受けた被害者も、保護命令の発令を受けられるようになりました。

　この点、東京地裁及び大阪地裁の裁判官が執筆した論文「東京地裁及び大阪地裁における平成25年改正DV防止法に基づく保護命令手続の運用」（判タ1395号5頁）においては、立

法者が「『婚姻関係』については、わが国の憲法上『婚姻は両性の合意により成立』と定められていることを踏まえて解することとなるとされている」としていることから、同性同士の交際は「生活の本拠を共にする」ものであっても保護の対象とならないとの見解が明らかにされています。

報道によれば、2007年に西日本の地裁が女性カップルの事例で保護命令を出したケースがあるとのことですが（日経新聞2010年8月31日夕刊「同性間暴力にDV法適用　事実上の婚姻認め保護命令」）、その後、同様の報道は確認されていません。長期にわたり同性カップルへの適用事例が確認されていないことや、前記の論文における裁判官の見解を踏まえると、現時点では、同性パートナーの暴力について、保護命令の発令を受けることは困難であると思われます。

もっとも、東京都渋谷区等によるパートナーシップ証明書の発行開始など、近年の同性間パートナーシップに対する社会的な理解の浸透を背景として、今後、裁判所の見解が変化する可能性は十分にあるものと考えられます。

また、裁判所に同性カップル間のDV防止法適用の必要性を認識してもらうためにも、躊躇せずに保護命令の申立てを行うべきともいえるかもしれません。

(2) ストーカー

同性の元交際相手が、つきまといや待ち伏せをやめてくれません。また、一日に何十件も携帯に着信があったり、しつこくメールが来たりもします。どうしたらよいでしょうか。

> A2 ストーカー被害に該当しますので、早めに警察に相談してください。また、警察への相談と合わせて、弁護士名でストーカー行為をやめるよう警告文を相手方へ送付するのも有効です。

　ストーカー行為等の規制等に関する法律（以下「ストーカー規制法」といいます。）の適用対象となる者は、「特定の者に対する恋愛感情その他の好意感情又はそれが満たされなかったことに対する怨恨の感情を充足する目的」を有する者と規定されており（同法2条1項柱書）、DV防止法のように、両当事者が婚姻関係ないし婚姻類似の関係にあることは求められておらず、性別も問われていません。したがって、ゲイやレズビアン、性別の取扱いの変更をしていないトランスジェンダー等でも、「恋愛感情その他の好意感情」等をもってストーカー規制法に違反する行為をすれば、同法の適用を受けることになります。

　実際に、男性から男性への度重なるメール送信や、女性が女性の自宅に押し掛けたことなどについて、それぞれ加害者が逮捕された事例が報道されています（いずれも2013年）。

近年、ストーカー行為の末に被害者を殺害するなどの重大犯罪が繰り返されたことをきっかけとして、警察は、ストーカー対策に積極的に取り組む姿勢を見せています。また、2013年の警察庁の統計によれば、警察からの警告が行われると、その後は約9割の加害者がストーカー行為をやめています。ストーカー被害を受けた場合には、さらなる被害を防ぐためにもなるべく早く警察に相談すべきであるといえますが、セクシュアル・マイノリティの場合、属しているコミュニティが狭いことから、「知人に知られてしまうのではないか」等とその後の生活に悪影響が生ずることを恐れたり、「恋愛感情その他の好意感情」からのストーカー行為であることを警察に理解してもらえないのではないかと考え、相談をためらったりする場合もあるのではないかと考えられます。そのような場合には、弁護士や支援者に警察に同行してもらうことも有用です。また、単なる友人関係等からのトラブルではなく、「恋愛感情その他の好意感情」からのストーカー行為であることを示す資料(好意を示すメールや、交際中の写真等)を用意しておくと、ストーカー規制法の適用要件に該当することを説明しやすくなります。

後述するストーカー規制法の適用要件に該当しないため、直ちに同法に基づく警告・検挙等ができなかったり、あるいは被害者本人が警察にそれらの対応をしてほしくなかったりといった場合でも、警察官に近所をパトロールしてもらうなどの対策を依頼することもできます。その他、警察では、被害防止のためのアドバイスをしたり、防犯ブザーの貸出等を行ったりしていますので、被害者の置かれた状況や希望に応じて、どのような対応が可能か、警察に相談してみるのがよいでしょう。

また、前記の警察への相談と併せて、弁護士名でストーカー行為をやめるよう警告文を相手方へ送付することにより、相手方に可及的速やかに、自身の行為がストーカー行為に当たりうること及び刑事罰が科されうること、被害者には弁護士や警察が味方についていることを知らせることができ、ストーカー行為の停止を早めさせる可能性があります。

　なお、以上は、性別の取扱いの変更をしていないトランスジェンダーとそのパートナーが戸籍上同性である場合（例えば、戸籍上男性であるMtFのトランスジェンダーと男性のカップルの場合）にも当てはまります。

【ストーカー規制法の概要】

1　規制対象となる行為（法2条、3条）
　同法では、「つきまとい等」と「ストーカー行為」を規制対象としています。
(1)　「つきまとい等」：好意感情の相手方又はその家族等に対し、次のいずれかの行為をすること
　　ア　つきまとい・待ち伏せ・押しかけ
　　　　つきまとい、待ち伏せし、進路に立ちふさがり、住居、勤務先、学校その他被害者が通常所在する場所の付近において見張りをし、又はそれらの場所に押し掛けること。
　　イ　監視していると告げる行為
　　　　被害者の行動を監視していると思わせるような事項を告げ、又はその知り得る状態に置くこと。
　　　　　例：「今日はAさんと一緒に銀座で食事をしていましたね」
　　　　　　　と、直接口頭で、あるいは電話やメール等で連絡する

（「告げる」）。郵便受けや自転車の前カゴにメモを入れる（「知り得る状態に置く」）。

ウ　面会・交際の要求
　　面会、交際その他の義務のないことを行うことを要求すること。
　　　例：拒否しているにもかかわらず、面会や交際、復縁を迫ったり、贈り物を受け取ったりするよう強要する。

エ　乱暴な言動
　　著しく粗野又は乱暴な言動をすること。
　　　例：大声で「バカヤロー」などと粗野な言葉を浴びせる。家の前でクラクションを鳴らす。

オ　無言電話、連続した電話・ファクシミリ・電子メール
　　電話をかけて何も告げず、又は拒まれたにもかかわらず、連続して電話をかけ、ファクシミリ装置を用いて送信し、若しくは電子メールを送信すること。

カ　汚物などの送付
　　汚物、動物の死体その他の著しく不快又は嫌悪の情を催させるような物を送付し、又はその知り得る状態に置くこと。

キ　名誉を傷つける行為
　　被害者の名誉を害する事項を告げ、又はその知り得る状態に置くこと。
　　　例：被害者を中傷したり、名誉を傷つけたりするようなことを言う。被害者の名誉を傷つける内容の文書などを届けたり、インターネット上で公表したりする。

ク　性的羞恥心の侵害
　　その性的羞恥心を害する事項を告げ、若しくはその知り得る状態に置き、又はその性的羞恥心を害する文書、図画その他の物を送付し若しくはその知り得る状態に置くこと。
　　　例：わいせつな写真などを自宅に送り付けたり、電話や手紙

で卑劣な言葉を告げて辱めたりしようとする。

　　　※交際中に撮影した性的な画像等をインターネット上に公開する、いわゆる「リベンジポルノ」もこれに該当しますが、別途「私事性的画像記録の提供等による被害の防止に関する法律」（いわゆる「リベンジポルノ防止法」）においても刑事罰の対象となります。

(2) 「ストーカー行為」：同一の者に対し、「つきまとい等」を繰り返して行うこと。ただし、前記ア～エまでの行為は、身体の安全、住居等の平穏若しくは名誉が害され、又は行動の自由が著しく害される不安を覚えさせるような方法により行われた場合に限られます。

2　警察でできる対応等

(1) 警告（法4条）

被害者は、警察署長等に「警告の申出」を行い、つきまとい等を繰り返す相手に対し、これをやめるよう警告してもらうことができます。

(2) 禁止命令（法5条）

加害者が警告に従わずつきまとい等をした場合には、公安委員会による加害者の聴聞を経て、さらにその行為を繰り返すこと等を禁止する命令を発してもらうことができます。

(3) 仮の命令（法6条）

「警告の申出」が行われた場合で、被害者の身体の安全等を確保するために緊急の必要性があると認められたときは、加害者に聴聞等の機会を与えずに、その行為を繰り返すことを禁止する仮の命令を発してもらうことができます。

(4) ストーカー規制法違反による告訴（法13条）

被害者は、同法に基づく処罰を求めて、「ストーカー行為」をした加害者を告訴することができます。

(5) 警察本部長等の援助（法7条）

警察本部長等は、被害者から「援助の申出」を受けた場合、自衛策を教えるなど、必要な援助を行うことができます。
3　罰　則
(1) 禁止命令違反の場合（法14条）

　　禁止命令に違反して「ストーカー行為」をすると、1年以下の懲役又は100万円以下の罰金が科されます。

　　禁止命令に違反したが、「ストーカー行為」には該当しない場合（違反行為が1回のみで反復性がない場合等）、50万円以下の罰金が科されます。

(2) ストーカー行為規制法違反による告訴に基づき加害者が検挙された場合（法13条）

　　6月以下の懲役又は50万円以下の罰金が科されます。

(3) アウティング

 同性の恋人に別れ話を切り出したところ、家族、友人、職場に同性愛者であることをばらすと脅されて、恋人関係を続けることを迫られています。どうすればよいでしょうか。

> A3　脅してきた相手に対して通知を送るなどして、アウティングをしないように要請する方法が考えられます。

　同性愛者であることをばらすなどと告げて、恋人関係の継続を迫る行為は、刑事上、脅迫罪（刑法 222 条）、強要罪（同 223 条）、名誉毀損罪（同 230 条）に該当する可能性があります。また、民事上も、不法行為（民法 709 条・723 条）に該当しうるものです。
　このようなケースでは、自分が同性愛者であることが家族や周囲の人に知られてしまうかもしれないと不安になり、精神的に追い詰められてしまうものです。しかし、相手方の言動に翻弄されてはいけません。相手方の行為の法律上の問題点（脅迫罪、強要罪、不法行為に該当しうること）を指摘し、毅然とした対応をとるよう心がけましょう。
　もっとも、相手方の言動からパニックに陥ってしまったりして、自分一人では迅速な対応をとることが困難な場合もあるでしょう。しかし、いったん家族や周囲の人に知られてしまうと、知られる前の状態に戻すことが非常に困難であるため、できるだけ早く対応す

る必要があります。

　そのような場合、弁護士が介入し、①相手方の行為の法律上の問題点の指摘、②本人、家族及び職場等関係先へ連絡しないことの要請、③違反した場合に法的手続（刑事告訴、損害賠償請求訴訟等）をとることの警告、④連絡は代理人弁護士宛てにすることなどを記載した通知文を出すことが有用です。なお、交際していても、相手方の住所を知らない場合もあるでしょう。その場合は、本人のメールやSNSのアカウントを利用して通知をすることになります。そして、通知後、即座に着信を拒否する設定にして、連絡が入らないようにします。

　相手方に通知文を送る場合、相手方に対するアウティングとならないように、本人限定受取の内容証明郵便にする等の注意も必要です。また、相手方の行為の程度が悪質である場合には、警察に相談することも選択肢に入れておくべきです。

　弁護士が介入した場合、直後は本人や家族等関係先に連絡がなされたとしても、多くのケースでは、次第に相手方からの連絡はなくなります。

　なお、場合によっては、即効性のある対応策として、弁護士から直接相手方に電話をするという方法も考えられます。その場合には、のちの紛争を予防するためにも、通話内容を録音しておくとよいでしょう。

　もっとも、金銭面や弁護士介入への抵抗感から弁護士への委任を希望しない場合もあるでしょう。そのような場合には、弁護士に通知文の作成のみを依頼し、本人名義で通知文を発送し、随時、法律相談として弁護士からアドバイスを受ける方法も考えられます。こ

の方法をとる場合、相手方には本人が対応することになるので、それが可能かどうかをよく考えることが必要です。

　なお、バイセクシュアルやトランスジェンダー等であることのアウティングの場合でも、対応方法としては、基本的に前記と変わることはありません。

　　　　　　　ハッテン場でトラブルになり、相手からお金を請求されています。どうすればよいでしょうか。

> A4　一定の賠償金を支払うことを内容とする示談をするのが一般的です。

　誰でも出入りできる場所がハッテン場（後記コラム「ハッテン場とは？」参照）となっている場合、性行為を求めていない者に性行為を持ちかけてしまう等して、トラブルとなることがあります。

　相手の意思に反して性行為に及んだ場合、例えば、公共スペースでの性行為について、いわゆる迷惑防止条例違反や強制わいせつ罪（刑法176条）が成立する可能性があります。実際に、公然わいせつ罪（刑法174条）等で摘発された事例もあります。

　相手が被害届を出して警察の知るところになっている場合でも、被害者が家族や知人に同性愛者であることを伏せている場合も多いので、謝罪のために被害者に接触する際には、その点の配慮が必要です。そのうえで、被害者との間で示談をすることになります。示

談の内容としては、謝罪や賠償金の支払が含まれることが多いでしょう。

ただし、ハッテン場においては、常習的に恐喝を行っている者（いわゆる「プロ」）もいるので、注意が必要です。プロであることを推察させる要素としては、「被害者」がハッテン場内で長時間とどまる等不自然な行動をしていたこと、「被害者」自身の名前や連絡先は一切知らせてこず、一方的に連絡してくるだけであること、金銭を要求してくること等があります。「被害者」が警察に被害申告する可能性があるか否かには留意が必要ですが、「被害者」が「プロ」である場合には、示談をする必要はありません。

なお、FtM（身体が女性で、性自認は男性）で、かつ、同性愛者（ゲイ）である場合にも、ハッテン場でのトラブルに巻き込まれる可能性がありますが、基本的には上記の場合と同様の対応が考えられます。

【書式5】アウティングに対する通知書

※元恋人から、多数回のメール・電話、勤務先への電話、SNS上の誹謗中傷があったケースを想定しています。

> 前略　当職は、○○○○氏（以下「依頼者」といいます。）の代理人として、以下のとおり貴殿にご通知いたします。
>
> 1　平成○年○月頃から、貴殿は依頼者に対し、同人と接触することを目的として、多数回にわたって執拗にメール送信や電話を続けております。多いときには、1日に何十件にも及ぶメール及び電話着信があることもありました。依頼者は着信拒否等いたしましたが、○月○日には、午前2時00分から10分までのわずか10分間に、貴殿が発信元と推認される非通知着信が合計50回もありました。

○月○日には、留守番電話に貴殿から「近いうちに（依頼者の）職場に行く」との趣旨のメッセージが吹き込まれていました。

また、貴殿は、依頼者の職場に複数回電話をかけ、上司に対し依頼者に関して事実に反することを述べました。

さらに、貴殿は、SNS上に、依頼者の氏名等の個人情報とともに依頼者に関して事実に反し、かつ、社会的評価を低下させうる書き込みを繰り返し行っています。

2 貴殿による上記各行為は、ストーカー行為等の規制等に関する法律が禁止している「面会、交際その他の義務のないことを行うことを要求すること」（同法2条3号）、「電話をかけて何も告げず、又は拒まれたにもかかわらず、連続して、電話をかけ、ファクシミリ装置を用いて送信し、若しくは電子メールを送信すること」（同条5号）、「その名誉を害する事項を告げ、又はその知り得る状態に置くこと」（同条7号）に該当しうるものです。

また、民法上の不法行為（709条及び723条）、刑法上の脅迫罪（222条）、強要罪（223条）、名誉毀損罪（230条）に該当する可能性もあります。

3 依頼者は、上記各行為により社会的評価の低下その他の多大な迷惑及び耐え難い精神的苦痛を被っています。

そこで、本書面をもって、依頼者は貴殿に対し、今後一切、上記各行為及び類似行為をしないよう求めます。重ねて、依頼者は今後貴殿と関わることを拒否いたします。

また、今後一切、依頼者及びその関係者に接触しないよう、貴殿に求めます。接触とは、面会はもちろん、待ち伏せ、SNS・メール・郵便の送付、電話等あらゆる接触行為を含みます。

万一、貴殿が、依頼者の上記要請に反する行為を行った場合、従前の被害を含め警察へ被害届を提出するとともに、依頼者がこれまでに被った損害について賠償請求を行う予定です。

4 今後は当職が窓口になりますので、連絡は全て当職宛にお願い

たします。依頼者並びにその関係者及び職場関係への連絡は固くお断りいたします。
以上、用件のみ書面にて失礼します。

　　　　　　　　　　　　　　　　　　　　　　　　　　　草々

　　　　　　　　　　　　　　　　　　　　　　　平成○年○月○日

通知人
〒○○○－○○○○
東京都○○区○○○－○－○
○○法律事務所
　　　　　　　　　　　　　　　　　○○○○氏代理人
　　　　　　　　　　　　　　　　　　弁護士　○○　○○　印

被通知人
〒○○○－○○○○
○○県○○市○○町○－○－○
　　　　　　　　　　　　　　　　　　　　　○○　○○　殿

コラム　アウティングにならないように

　弁護士として通知書等を作成して相手方に送るときは、依頼者にとって意に沿わないセクシュアリティの暴露（アウティング）にならないよう、内容や受取人には細心の注意が必要です。

　例えば、性的経験を執拗に聞かれるといった態様のセクシュアル・ハラスメント（セクハラ）を職場で受けた場合、被害者がセクシュアル・マイノリティでなくともセクハラには該当しえますので、会社への申入れ等の際に、あえて本人が明らかにしていないセクシュアリティを通知書等に記載する必要はないでしょう。また、受取人に関しても、例えば、部署内でのみセクシュアリティを明らかにしている場合、名宛人を単純に会社としてしまうと会社内の誰が最初に目にするかわかりませんので、内容によっては受取人を直属の上司等に限定するといったことも必要となります。

　ほかにも、依頼者が元恋人からアウティングすると脅されているようなケースでは、加害者である元恋人にとってのアウティングにもならないよう、受取人を限定する等の配慮が必要です。

(4) 結婚（異性婚）に関するトラブル

私は同性愛者ですが、そのことを言わずに異性と結婚しました。しかし、結婚後、配偶者に私が同性愛者であることが発覚し、配偶者から離婚を求められています。同性愛者であることが離婚事由になりますか。

> A5　同性愛者であることのみをもって離婚事由になることはありません。もっとも、その他の具体的な事情のもとで離婚事由があると判断される場合はあります。

裁判で離婚が認められるのは、民法770条1項各号の離婚事由が存在する場合です。配偶者がゲイ、レズビアン又はバイセクシュアルであること自体は民法770条1項各号に該当せず、それのみでは裁判上の離婚事由とはなりません。

ただし、ゲイ、レズビアン又はバイセクシュアルであることが配偶者に判明したことによって、夫婦関係が悪化し、婚姻関係が破綻するに至った場合は、「その他婚姻を継続し難い重大な事由」（民法770条1項5号）が生じたとして、離婚事由があると判断される可能性があります。

また、ゲイやレズビアンであるが故に、配偶者との間で性生活が不能な状態が続いたり、性交渉を拒絶したりしているという場合には、やはり「その他婚姻を継続し難い重大な事由」（民法770条1項5号）があるとして、離婚事由があると判断される可能性があ

ります。この場合は、ゲイやレズビアンであることそのものではなく、夫婦の性生活不能という点が問題になるのであり、この点は、異性間の夫婦と同様です。

トランスジェンダーの場合（例えば、MtF当事者が戸籍上の性別を変更していない状態で女性と結婚している場合）も、同様の問題が起こりえますが、やはり、トランスジェンダーであること自体が離婚事由に該当するということはありません。

　私は同性愛者ですが、そのことを言わずに異性と結婚しました。しかし、結婚後、配偶者に私が同性愛者であることが発覚し、配偶者から、離婚だけでなく、離婚に伴う慰謝料も請求されました。私は離婚に伴う慰謝料を支払わなければならないのでしょうか。

> A6　同性愛者であることのみをもって慰謝料請求が認められることはありません。

　ゲイ、レズビアン又はバイセクシュアルであること自体は不法行為に該当しないため、それのみをもって慰謝料請求が認められることはありません。

　ただし、配偶者以外の相手と性的な関係を持った場合は、たとえそれが同性間の性的行為であっても、「不貞行為」とみなされる可能性が高いでしょう。東京地判平成16年4月7日も、「日本国民法770条1項1号にいう「不貞」とは、性別の異なる相手方と性

的関係を持つことだけではなく、性別の同じ相手方と性的関係を持つことも含まれるというべきであるから、被告の行為は、夫である原告との関係では、上記「不貞」に該当するというべきである。したがって、被告は、原告に対して、同法709条に定める不法行為として、損害賠償を支払う義務を負うというべきである」として、同性間の性的関係についても、異性間の不貞行為と同様に不法行為が成立し、慰謝料請求が認められるとの判断を下しています。

　これに対し、配偶者以外の相手と性的な関係がなく、単に夫婦間の不仲や性的不能を理由に離婚を求められている場合には、そのことのみをもって離婚に伴う慰謝料請求が認められる可能性は低いと考えられます。

　トランスジェンダーの場合（例えば、MtF当事者が戸籍上の性別を変更していない状態で女性と結婚している場合）も、同様に、MtFであることが配偶者に判明し、それを起因として離婚することとなった場合に、そのことのみをもって慰謝料請求が認められる可能性は低いと考えられます。

Q7　私は同性愛者ですが、異性と結婚して子どもも生まれました。しかし、同性愛者であることを偽って結婚生活を続けていくのが苦しくなり、離婚を決意し、配偶者と話合いを進めています。私は子どもの親権を取得したいと希望していますが、同性愛者であることが不利益に働くことはありますか。

> **A7** 同性愛者であることで親権者適格性が否定されることはありません。

　ゲイ、レズビアン又はバイセクシュアルであること自体を理由として、親権者適格性が否定されることはありません。
　親権者を決定する際には、父母の監護能力、心身の健康、性格、経済力、居住環境、教育環境、子に対する愛情の度合い、従来の監護状況、監護補助者の有無、奪取の違法性、面接交渉の許容性、子の年齢・性別、子の心身の発育状況、環境の変化への適応性、子の意思、兄妹関係、親子関係等が総合的に考慮されます。
　トランスジェンダーの場合（例えば、MtF当事者が戸籍上の性別を変更していない状態で女性と結婚し、子どもが生まれた後で、離婚することとなった場合）も同様です。

(5) 刑事事件

Q8　私はゲイなのですが、セックスドラッグとして薬物使用をしたことで逮捕されてしまいました。取調べや裁判では、自分がゲイだと話さなければいけないのでしょうか。

A8　取調べでも裁判でも、自分の性的指向について話す必要はありません。

　まず、逮捕・勾留中の取調べにおいては黙秘権（憲法38条1項、刑事訴訟法198条2項）がありますので、当然に、性的指向についての質問に対しても黙秘することができます。また、司法警察員や検察官から性的指向を理由とする差別的な取扱いや暴言があったときには、しかるべき方法で抗議すべきです。弁護人がついている場合には、弁護人から検察や警察に抗議することも可能です。
　なお、弁護人がついたからといって、弁護人に対して自分の性的指向を話さなければならないということはありません。もっとも、弁護人に話しておいたほうが、警察に対する抗議など、必要な対応が迅速に行えるということはいえるでしょう。弁護人には守秘義務があるので、弁護人に話した内容が外部に漏れることはありません。
　次に、公判（裁判）の場においても、被告人には黙秘権があります（憲法38条1項、刑事訴訟法291条3項・311条1項）。したがって、公判の場において、性的指向についての質問がなされたと

しても、当然に黙秘することができます。

また、そもそも、セックスドラッグとして違法薬物を使用することは異性愛者においても起こりうることであり、性的指向自体が問題ではありません。

自分の性的指向について傍聴人や関係者に知られたくない場合には、以下のような方法で弁護人に弁護活動をしてもらうことが考えられます。

① 証拠については、供述証拠であれば、被告人の性的指向がわかる箇所について不同意意見を述べ（刑事訴訟法326条・320条）、非供述証拠であれば関連性のないものとして異議を述べる。

② 検察官が取調請求した証拠書類の取調べにあたっては、法廷では、被告人の性的指向がわかるような部分を読み上げないようにさせる。

③ 親族や職場関係者など、事件と関わりのない情状証人については、他の証拠調べが終わるまで別室に待機してもらう方法や、書面の提出をもって証言に代えるなどの方法を検討する。

なお、バイセクシュアルやトランスジェンダー等の場合でも、取調べや裁判において、性的指向や性自認について話す必要がないことは変わりません。

コラム　ハッテン場とは？

　ハッテン場とは、主にゲイが性交渉の相手や恋愛対象を求めて集まる場所のことをいいます。サウナ、公園等様々な形態があります。ハッテン場と知らずに紛れ込んだ異性愛者や恐喝目当ての者との間でトラブルになるケースも少なからずあります。

　ハッテン場は、同性愛者同士の出会いの場が限られているために形成されてきた場です。

　ハッテン場でのトラブルについて相談を受けた場合には、ハッテン場の問題性（性感染症に感染するおそれがあること、法令に違反する可能性があること等）を指摘しても何の解決にもなりません。相談者を萎縮させたり、孤立させたりしかねないので、そのような指摘はせず、まずはしっかりと相談者の話を聴くことが大切です。

コラム　HIVと傷害罪・不法行為

　HIV陽性者が、性行為に及ぶ前に相手に「HIV陽性か」を確認されたにもかかわらず「陰性である」旨の虚偽の回答をし、かつ、相手がコンドームを装着することを望んだのにそれを拒み、それにより相手が実際に感染した場合は、傷害罪に該当したり、不法行為責任を負う可能性が高いといえます。

　これに対し、ハッテン場で初めて会った人物から、HIV陽性であるか否かを確認されることなく、また、当該人物がコンドームなしの性交渉を望んだ場合にも、HIV陽性者が、HIV陽性であることを自ら進んで告知しなかったことをもって、傷害罪に問われ又は不法行為責任を負担することとなるのかは、非常に難しい問題です。

　「ハッテン場に集まる人々の多くは、その場限りの性交渉を行うことを目的としており、素性も互いに明かさないことが多く、相手が様々な病気に感染している可能性や、感染していてもそれを隠している可能性があることを認識しているので、もしHIVに感染したくなければ、自分自身がコンドームを装着したり、コンドームを装着しない相手との性交渉を拒否したりすべきであって、HIV陽性者だけに責任を押し付けるのは公平ではない」という考え方がある一方、「ハッテン場とはいえ、HIVに感染してもよいと思っている人はいないだろうから、コンドームを装着するなどのやるべき措置をせずに感染させたHIV陽性者は責任を負担すべきだ」という考え方もあります。

傷害罪の成否、不法行為責任の有無については、HIV陽性者の認識、感染した側の認識、性行為に及ぶ前のやりとり、性行為の具体的なやり方など、諸事情を考慮のうえ判断することになるでしょう。

　また、本当に当該性行為によって感染したのかという立証の問題もあります。この点、HIVの感染確率は感染経路やコンドームの使用の有無等により変わりますが、コンドームを使わないで挿入による性行為（膣性交、アナルセックス）を行った場合、感染の確率は0.1～1％（1000回に1回から100回に1回）くらいと考えられています（厚生労働科学研究費補助金エイズ対策研究事業「HIV検査相談の充実と利用機会の促進に関する研究」運営による「全国HIV／エイズ検査・相談窓口情報サイト」）。

　さらに、相手が被害者を装っている可能性（実際には感染していない、感染経路が別であるなど）もありますので、注意が必要です。

コラム　薬物依存に対するケア

　薬物依存は、セクシュアル・マイノリティに限られた問題ではありませんが、セクシュアル・マイノリティの薬物依存の場合、異性愛かつ性自認に違和感のない人の場合と問題点が異なる場合があります。

　それは、社会にセクシュアル・マイノリティに対する偏見が根強く残っており、性的指向や性自認をカミングアウトすることが困難なゆえに、自己肯定感の低さ、孤独感の強さ、生きづらさを抱えてしまうといった特有の問題があるからです。

　そのため、薬物依存について相談を受ける場合には、薬物使用の端緒（クラブ、性交渉、自己肯定感が得られず不安を取り除くため等）、依存の経緯を聴き、必要に応じて同性愛者の薬物依存に関する自助グループを紹介するとよいでしょう。相談機関については、第５章２に挙げてある相談窓口一覧をご参照ください。

私は、MtF のトランスジェンダーですが、性別適合手術は受けておらず、戸籍上の性別も男性のままです。私が刑事施設に入ることになった場合、私は女性として扱ってもらえるのでしょうか。

A9 刑事施設の振り分けは、戸籍上の性別に従ってなされるので、女性として扱われるのは難しいのが現状です。ただし、いまだ不十分ではありますが、一定の配慮がなされているようです。

　性別適合手術や戸籍上の性別の変更手続が未了のトランスジェンダーの場合には、刑事施設内での処遇について、身体検査、着衣、髪型などの、問題が生じえます。

　日本弁護士連合会への人権救済申立事件（平成22年11月9日付け静岡刑務所長・東京拘置所長宛て勧告）では、性同一性障がいを有する申立人（収容以前に性同一性障がい（MtF＝身体が男性で、性自認は女性）との診断を受け、名も女性名に変更していたが、性別適合手術前の者）が、静岡刑務所、東京拘置所収容中に受けた処遇（具体的には、男性としての基準に基づいて調髪を行ったこと、全裸となる検身や入浴の機会に女性職員が処遇していないこと、女性職員による処遇が一切行われなかったといったもの）は申立人の性自認に反する処遇であり、かかる処遇を行うことは人権侵害であるとし、性同一性障がいに関する理解を深めるとともに、申立人に対しては性自認を尊重する処遇（具体的には、女性被収容者に認められる着衣や髪型を認める、全裸となる身体及び着衣の検査は女性

職員が行うといった処遇）を行うよう両施設に勧告しています。この勧告では、「性同一性障がいを有する者の場合、その性自認を変更することが困難であり、自らの意思によってかかる苦痛を回避できないのであるから、苦痛を緩和するには、処遇面において性自認に沿った扱いをする以外に方法はない。従って、個人の尊厳から許されない精神的苦痛をもたらす状況を緩和するための具体的権利として、性自認に沿った取扱いを求める権利は、憲法13条の個人の尊厳から導かれる人権として認められるべきである。」と述べています。しかし、この勧告を受けた刑事施設の対応はいまだ不十分です。

　この点、刑事施設内における性同一性障がい等を有する被収容者の処遇方針について法務省から各施設長に対して通知がなされています。まず、平成23年6月1日付け法務省矯成第3212号成人矯正課長・矯正医療管理官連名通知「性同一性障害等を有する被収容者の処遇指針について」が出され、その後、MtFの者のうち外形変更済みの者（男性器及び睾丸を除去した者）の処遇に関して一部改めることを内容とする平成27年10月1日付け法務省矯成第2631号成人矯正課長・矯正医療管理官連名通知「「性同一性障害等を有する被収容者の処遇指針について」の一部改正について」が出されました。

　これらによれば、性同一性障がいであるかについては在社会時の診断書等・指名医を含めた診療等により、可能な限り同障がいの存否を明確にするように指導すること、同障がいと同様の傾向を有する者として処遇上の配慮の可否の検討のための診察の場合など必要と認められる範囲において精神科医による診察を実施して差し支

ないこと、ホルモン療法・性別適合手術等は刑事収容施設及び被収容者等の処遇に関する法律56条（刑事施設においては、被収容者の心身の状況を把握することに努め、被収容者の健康及び刑事施設内の衛生を保持するため、社会一般の保健衛生及び医療の水準に照らし適切な保健衛生上及び医療上の措置を講ずるものとする。）に基づき国の責務として行うべき医療上の措置の範囲外にあると認められること（指名医による診療はありうる。）、戸籍上の性別の変更を伴わない性同一性障がい者等は、原則として単独室に収容する、入浴・身体検査等の実施にあたってはなるべく他の被収容者と接触させず単独で行う、戸籍上の性別の変更を伴わない MtF の者のうち外形変更済みの者については入浴・身体検査等にあたって女性職員による対応とする（例外あり）といったことが求められています。

　これらの通知については、以下のとおりです。

法務省矯成第 3212 号
平成 23 年 6 月 1 日

矯正管区長殿
刑事施設の長殿
矯正研修所長殿（参考送付）

法務省矯正局成人矯正課長
法務省矯正局矯正医療管理官

性同一性障害等を有する被収容者の処遇指針について（通知）

　近年、性同一性障害については、その診断、治療について日本精神神経学会からガイドラインが示されるなど、社会的認知が進んできて

おり、刑事施設においても、性同一性障害や同障害と同様の傾向を有する者（以下「性同一性障害者等」という。）が収容される状況が認められ、性同一性障害者等である被収容者（以下「性同一性障害者等被収容者」という。）の処遇に当たっては、各施設において、個々の被収容者の状況を踏まえ、適切に対処してきたところですが、今般、標記について、下記のとおり取りまとめたので、各施設におかれましては、本通知を標準としつつ、個別の必要に応じて、可能な範囲で適切に対応していただきたく、お願いします。

　なお、本通知のほか性同一性障害者等被収容者の処遇について疑義が生じた場合においては、適宜の方法により、矯正管区保安課又は医療分類課を通じて、矯正局成人矯正課又は矯正医療管理官まで御照会願います。

記

1　定義
　(1)　性同一性障害者
　　　「性同一性障害者」とは、生物学的には性別が明らかであるにもかかわらず、心理的にはそれとは別の性別であるとの持続的な確信を持ち、かつ、自己を身体的及び社会的に他の性別に適合させようとする意思を有する者であって、そのことについてその診断を的確に行うために必要な知識及び経験を有する2人以上の医師の一般に認められている医学的知見に基づき行う診断が一致しているものをいうこと（性同一性障害者の性別の取扱いの特例に関する法律（平成15年法律第111号）第2条）。

　　　なお、「同障害と同様の傾向を有する者」とは、同法による2人以上の医師の診断を受けてはいないものの、同障害を有するものと認められるものであり、服装倒錯的フェティシズム（性的興奮を目的に異性の服装をするもの）、両性役割服装転換症（異性の一員であるという一時的な体験を享受するために、生活の一部分を異性の服装を着用して過ごすもの）、自己女性化性愛（男性であって自身が女性だと想像することで性的に興奮するもの）、

同性愛（ジェンダーアイデンティティは身体的性別と一致していながら、性指向としてのもの）等については、本通知における性同一性障害者等に含まれないことに留意すること。
(2) MTF
「MTF」とは、生物学的な性別は男性であるが、心理的には女性であるもの（male to female）をいうこと。
(3) FTM
「FTM」とは、生物学的な性別は女性であるが、心理的には男性であるもの（female to male）をいうこと。
2 医療上の措置
(1) 性同一性障害の診断
上記1(1)のとおり、性同一性障害の診断は、診断を的確に行うために必要な知識及び経験を有する2人以上の医師の診断に基づき行うこととされているため、刑事施設内において当該診断を実施することは、医師の確保等の観点から対応困難であり、また、診断を実施しないこととしても収容生活上直ちに回復困難な損害が生じるものとも考えられないこと、さらに、拘禁中という極めて特殊な環境において実施することは、相当でないとも考えられることから、刑事収容施設及び被収容者等の処遇に関する法律（平成17年法律第50号。以下「法」という。）第56条に基づき国の責務として行うべき医療上の措置の範囲外にあると認められること。

なお、「同障害と同様の傾向を有する者」として、処遇上の配慮を行うことの可否について検討するために診察を行う場合など、必要と認められる範囲において精神科医師による診察を実施して差し支えないこと。
(2) ホルモン療法等
性同一性障害者等についての積極的な身体的治療（ホルモン療法、性別適合手術等）に関しては、極めて専門的な領域に属するものであること、また、これらの治療を実施しなくても、収容生

活上直ちに回復困難な損害が生じるものと考えられないことから、特に必要な事情が認められない限り、法第56条に基づき国の責務として行うべき医療上の措置の範囲外にあると認められること。

(3) 指名医による診療

上記(1)及び(2)の医療措置について、被収容者から法第63条に基づき指名医による診療の申請があった場合には、法令、被収容者の保健衛生及び医療に関する訓令（平成18年法務省矯医訓第3293号大臣訓令）及び平成19年5月30日付け法務省矯医第3344号矯正局長依命通達「被収容者の保健衛生及び医療に関する訓令の運用について」に基づき、適切に対応する必要があること。

3 居室の指定等

(1) 収容施設及び収容区域

法第4条第1項の定めるところにより、戸籍上の性別に従い、収容施設及び収容区域を指定すること。

なお、性別の取扱いの変更の審判（性同一性障害者の性別の取扱いの特例に関する法律第3条）を受け、戸籍上の性別変更済みの者については、変更後の性別に従うことに留意すること。

(2) 戸籍上の性別変更済みの性同一性障害者等被収容者の居室の指定等

個々の被収容者の事情に応じて、居室の指定等を行って差し支えないこと。

(3) 戸籍上の性別変更を伴わない性同一性障害者等被収容者の居室の指定等

ア 原則として単独室に収容するほか、本人保護及び職員の職務の正当性を担保する観点から、なるべく廊下監視カメラの整備されている区域の居室へ収容することが望ましく、また、必要に応じて監視カメラの設置された居室への収容等を検討すること。

イ 戸籍上の性別とは異なる区域への収容や処遇に固執したり、

外形変更がされていること等により集団処遇が困難な受刑者については、その希望等を参酌しつつ、通常昼夜居室処遇とすることが適当と考えられるものの、性同一性障害者等であるとの理由のみをもって、その法令上の取扱いを法第76条第1項により隔離としたり、法第88条及び刑事施設及び被収容者の処遇に関する規則（平成18年法務省令第57号。以下「規則」という。）第48条により制限区分を第4種に指定することは相当でないこと。

4　戸籍上の性別の変更を伴わない性同一性障害者等被収容者への対応職員

(1) 入浴、身体検査等の着衣を付けない場面における戒護

ア　MTFの者のうち外形変更済みの者（特に男性器及び睾丸を除去した者）については、可能な限り女子職員を含めての対応とすること。女子職員が配置できない場合及び当該被収容者に粗暴性が認められるなど、女子職員による対応とすることが適当でない事情が認められる場合には、複数の男子職員による対応とすること。

イ　MTFの者のうち外形変更に至らない者については、原則として複数の男子職員による対応とするが、必要に応じて、女子職員を含めての対応として差し支えないこと。

ウ　FTMの者については、外形変更の有無にかかわらず、女子職員による対応（法第34条第2項の例による。）とし、必要に応じて、男子職員がその場において応援すること。

エ　入浴、身体検査等の実施に当たっては、なるべく他の被収容者と接触させず、単独で行うとともに、個々の被収容者の事情に応じて、戒護上の支障が生じない範囲において、つい立を設置するなど、羞恥心に配慮した対応をするよう努めること。

オ　戒護職員に対しては、必要に応じて、性同一性障害について説明を行うなど、正しい理解の下において対応させるよう努め

ること。
  (2) (1)以外の場面における戒護
     外形変更の有無等にかかわらず、性同一性障害者等であるとの理由のみをもって特別な取扱いはせず、他の被収容者と同様、収容区域の担当職員等による対応とすること。
 5 戸籍上の性別の変更を伴わない性同一性障害者等被収容者への処遇内容
  (1) 運動
     外形変更の有無等にかかわらず、性同一性障害者等であることの理由のみをもって特別な取扱いはせず、支障がない範囲において集団運動を実施すること。
  (2) 衣類
   ア 貸与する衣類については、被収容者に係る物品の貸与、支給及び自弁に関する訓令(平成19年法務省矯成訓第3339号大臣訓令。以下「物品訓令」という。)別表1において、性別により品名が限られているものについては、原則として、戸籍上の性別に係るもののみを貸与すること。ただし、外形変更済みの者について、豊胸手術をしているためブラジャーの使用が必要であるなど、個別の事情により、使用の必要が認められる場合には、物品訓令第9条の2に基づき、貸与することとして差し支えないこと。
   イ 受刑者の自弁の衣類については、物品訓令別表4において、性別により品名が限られているものについては、原則として、戸籍上の性別に係るもののみ使用を許すことが相当であること。ただし、外形変更済みの者について、豊胸手術をしているためブラジャーの使用が必要であるなど、個別の事情により、使用の必要が認められる場合には、物品訓令第9条の2に基づき、使用を許すこととして差し支えないこと。
   ウ 受刑者以外の被収容者の自弁の衣類については、法第41条

第2項に基づき、刑事施設の規律及び秩序の維持その他管理運営上支障を生ずるおそれがある場合並びに賞罰の規定により禁止される場合を除き、これを許すものとされているところ、使用の許否判断に当たっては、当該衣類の使用による他の被収容者への影響等を検討する必要があること。

(3) 日用品

　ア　被収容者に貸与又は支給する日用品については、物品訓令別表2において、性別により品名が限られているものについても、原則として、戸籍上の性別に係るもののみを貸与又は支給することが相当であること。ただし、MTFの者について、規則第26条第4項により調髪を行わせていない場合においてシャンプーを支給するなど、個別の事情により、使用の必要が認められる場合には、物品訓令第9条の2に基づき、貸与又は支給して差し支えないこと。

　イ　受刑者の自弁については、物品訓令別表7において、性別により品名が限られている物品については、原則として、戸籍上の性別に係るもののみ自弁を許すことが相当であること。ただし、MTFの者について、規則第26条第4項により調髪を行わせていない場合においてくしや整髪料を使用させるなど、個別の事情により、使用の必要が認められる場合には、物品訓令第9条の2に基づき、自弁を許すこととして差し支えないこと。

　ウ　受刑者以外の被収容者の自弁については、物品訓令別表9において、性別により品名が限られている物品については、原則として、戸籍上の性別に係るもののみ自弁を許すことが相当であること。ただし、長髪としているMTFの者についてヘアピンを使用させるなど、個別の事情により使用の必要が認められる場合には、物品訓令第9条の2に基づき、自弁を許すこととして差し支えないこと。

(4) 調髪

ア　FTM の受刑者の調髪に当たって、女子受刑者の髪型の基準については、被収容者の保健衛生及び医療に関する訓令第6条において、「華美にわたることなく、清楚な髪型とする。」とされているので、これに基づき短髪とすることは可能であること。
　　　イ　MTF の受刑者から、調髪を行わないでほしいとの希望があった場合、規則第26条第4項により、これを行わないことを相当とするか否かは、当該受刑者の精神状態や過去の生活歴その他の事情を考慮して、当該受刑者にとって、調髪を行わないことが処遇上有益であると認められる場合に限ることが相当であること。この場合、他の受刑者との処遇の均衡性に鑑み、集団処遇が困難になることも考慮すること。
　(5)　カウンセリング
　　被収容者の心情の把握を図るべく、必要に応じて、平成19年5月30日付け法務省矯成第3349号矯正局長通達「少年施設の職員による処遇共助の実施について」記2の(1)のアの規定によるカウンセリング又は職員による面接の実施を検討する等の配慮をすること。

法務省矯成第2631号
平成27年10月1日

矯正管区長　殿
刑事施設の長　殿
矯正研修所長　殿（参考送付）

法務省矯正局成人矯正課長
法務省矯正局矯正医療管理官

「性同一性障害等を有する被収容者の処遇指針について」の一部改正について（通知）

性同一性障害等を有する被収容者の処遇については、平成23年6月1日付け法務省矯成第3212号成人矯正課長・矯正医療管理官連名通知「性同一性障害等を有する被収容者の処遇指針について」に基づき実施してきたところですが、今般、MTFの者のうち外形変更済みの者（男性器及び睾丸を除去した者）の処遇に当たってより一層の配慮を行うため、同通知の一部を下記のとおり改め、本日から実施することとしたので、遺漏のないよう配慮願います。

記

1　本通知中「保安課又は医療分類課」を「成人矯正第一課又は矯正医療調整官」に改める。
2　記の2中「定義」を「定義等」に改める。
3　記の1の(3)の次に次のように加える。
　(4)　その他
　　　性同一性障害であるか否かについては、知識及び経験を有する医師でなければ服装倒錯的フェティシズム、両性役割服装転換症、自己女性化性愛、同性愛等との鑑別が困難なことが多いため、在社会時の医療機関等から診断書、診療情報等を被収容者に入手させ、又は、指名医を含めた診療を受けさせること等により、可能な限り同障害の存否を明確にするよう指導するほか、性同一性障害を有する被収容者から戸籍の性別変更手続を行いたい旨の申出があった場合には、関係機関への発信を認めるなど、必要な対応を行うこと。
4　記の3の(3)のイ中「処遇に固執」を「処遇を希望」に、「通常昼夜居室処遇とする」を「昼夜居室処遇とする」に改める。
5　記の4中(1)及び(2)を次のように改める。
　(1)　入浴等の着衣を付けない状態の監視及び着衣の有無にかかわらず直接接触して行う身体検査
　　　ここでいう「入浴等の着衣を付けない状態の監視」を行う職員とは、入浴等を実施する担当職員に限らず、着衣を付けない状態を直接視認することとなる職員も含まれること。

ア　MTF の者のうち外形変更済みの者（男性器及び睾丸を除去した者）
　(ｱ)　女子職員による対応とすること。ただし、不測の事態により女子職員による対応を行ういとまがない場合や当該被収容者に粗暴性が認められる場合など、女子職員による対応とすることが適当でない特段の事情が認められる場合には、複数の男子職員による対応として差し支えないこと。
　(ｲ)　男子職員が入浴等を実施する女子職員を監督又は応援する必要がある場合には、当該男子職員は、制止等の措置を執るなど緊急に対応する必要があるときを除き、当該被収容者の羞恥心等に配慮して着衣を付けない状態を直接視認しない方法で行うこと。
　(ｳ)　入浴等に際し、脱衣場の窓に目隠しするなどして、男子職員が着衣を付けない状態を直接視認し得ない措置を講じている場合には、男子職員による対応で差し支えないこと。
イ　MTF の者のうち上記アの外形変更に至らない者
　原則として複数の男子職員による対応とするが、必要に応じて、女子職員を含む対応として差し支えないこと。
ウ　FTM の者
　外形変更の有無にかかわらず、女子職員による対応（法第34条第2項の例による。）とし、必要に応じて、男子職員がその場において応援すること。
エ　入浴、身体検査等の実施に当たっては、なるべく他の被収容者と接触させず、単独で行うとともに、個々の被収容者の事情に応じて、戒護上の支障が生じない範囲において、つい立を設置するなど、羞恥心に配慮した対応をするよう努めること。
オ　対応職員に対しては、必要に応じて、性同一性障害について説明を行うなど、正しい理解の下において対応させるよう努めること。

(2) (1)以外の場面における戒護
　ア　外形変更の有無等にかかわらず、性同一性障害者等であるとの理由のみをもって特別な取扱いはせず、他の被収容者と同様、収容区域の担当職員等による対応とすること。
　イ　健康診断（法61条）や診療等（法62条）は、その性質上、上記(1)に該当するものではなく、これらを行う医師及び医療従事者については性別を限定する必要はないこと。

⑹ インターネットに関するトラブル

インターネットの掲示板上に自分の顔写真がアップされ、「この男性はゲイだ。男なら誰でも襲う犯罪者なので要注意。」と書き込まれています。誰がこのようなことをしたのかわかりません。どうすればよいでしょうか。

A10　まず、コンテンツプロバイダに対し、任意の投稿削除を要請することができます。また、プロバイダ責任制限法3条2項2号に基づき、送信防止措置請求も行うことができます。任意の削除がなされない、送信防止措置請求が認められない場合においては、裁判所に対し、投稿削除を求める仮処分を申し立てることができます。

　次に、プロバイダ責任制限法4条1項に基づいて、プロバイダに対し、投稿者の発信者情報開示請求を行うことができます。発信者（投稿者）の情報が開示されると、発信者（投稿者）に対して、損害賠償請求や自主削除を求めることができます。プロバイダが発信者情報開示を行わない場合には、発信者情報開示の仮処分や発信者情報開示訴訟を裁判所に申し立てることもできます[7]。

---

[7] ここでいうプロバイダとは、携帯電話業者や光ファイバー、ADSL業者等のネットサービスを提供する業者（経由プロバイダ）と掲示板、ブログサービスやSNSサービス等を運営する業者（コンテンツプロバイダ）の総称です。

i インターネットの特殊性

インターネット上の書き込みは、ニックネーム・ハンドルネーム・匿名で投稿できるという特徴（匿名性）を有し、誰が当該書き込みを行ったのか特定することが難しい場合があります。また、一度書き込まれた情報を事後的に回収することが困難であるため（伝播性）、書き込みの内容によっては、名誉毀損若しくはプライバシー侵害が永続的に続く場合もあります。

インターネット上の書き込みへの対応を行う際、投稿者と投稿対象者（本件では顔写真がアップされ、「ゲイ」と書き込まれた者）のほかにプロバイダという第三の当事者が存在します。プロバイダが投稿対象者からの削除要請や情報開示請求に応じると投稿者との間で契約違反・不法行為に該当するのではないかという問題が生じうる一方で、プロバイダが対象者からの削除要請や情報開示に応じないと対象者との関係で不法行為に該当するのではないかという問題が他方で生じうるため、プロバイダが投稿者と投稿対象者との間で板挟みになってしまう場合があります。

そこで、2002年5月27日、特定電気通信役務提供者の損害賠償責任の制限及び発信者情報の開示に関する法律（以下「プロバイダ責任制限法」といいます。）が施行され、プロバイダの責任を一定の範囲に限定するとともに、どのような条件がそろえば発信者情報の開示を行わなければならないかが規定されることになりました。

ii インターネットによる名誉毀損及びプライバシー侵害

インターネット上に、自分の顔写真がアップされ、「この男性はゲイだ。男なら誰でも襲う犯罪者なので要注意。」と書き込まれた

場合、削除要請や発信者情報開示を行う前提として、当該書き込みが名誉毀損若しくはプライバシー侵害に該当するかを検討しなければなりません。

　ア　民事上の名誉毀損該当性

「名誉」とは人が品性、徳行、名誉、信用等の人格的価値について社会から受ける評価、すなわち社会的名誉を指し、「名誉毀損」とは、他人の社会的評価を違法に侵害することを指します。

インターネット上での顔写真のアップ及び「この男性はゲイだ。男なら誰でも襲う犯罪者なので要注意。」との書き込みは、社会的評価の低下を招く事実の流布に該当し、投稿対象者の社会的評価を違法に侵害したとして、名誉毀損に該当するでしょう。

　イ　プライバシー侵害

プライバシーの侵害に該当するには、投稿された内容が、①私生活上の事実又は事実らしく受け取られるおそれのある事柄であること、②一般人の感受性を基準にして当該私人の立場に立った場合に公開を欲しないであろうと認められる事柄であること、③一般の人々にいまだ知られていない事柄であることが必要です。

「この男性はゲイだ。男なら誰でも襲う犯罪者なので要注意。」という書き込み内容のうち、「この男性はゲイだ。」という部分は、私生活上の事実として受け取られるおそれがありますし、「ゲイ」であるということは、多くのセクシュアル・マイノリティがカミングアウトをしていない日本社会に照らせば、一般人の感受性を基準として、少なくとも他人による公開を欲しないであろう事柄です。さらに、あなたがゲイである事実を公表していないのであれば、一般の人々にいまだに知られていない事柄といえますので、プライバ

シー侵害に該当します。

　　ウ　このような人格権としての名誉権やプライバシー権を侵害する投稿がされた場合で、投稿している人物の氏名や住所が特定できる場合には、投稿者に対し、警告書や内容証明郵便を送付したり、訴訟を提起したりすることが考えられます。しかし、インターネットの特殊性から投稿者を特定することができないことも多く、名誉毀損やプライバシー侵害が生じていたとしても、即座に警告書等を送付することが困難な場合があります。

ⅲ　投稿記事の削除要請（送信防止措置請求）

　そこで、このような書き込みを削除する手続として、①コンテンツプロバイダのメールフォーム等による任意削除請求、②プロバイダ責任制限法に基づく送信防止措置請求、③裁判上の削除請求（仮処分）が考えられます。

　　ア　①コンテンツプロバイダのメールフォーム等による任意
　　　の削除請求

　この方法は、他の方法よりも相対的に解決スピードも速く費用も安くすむでしょう。しかし、任意の削除請求を行っても、コンテンツプロバイダが削除に応じない場合が多く、さらに削除依頼自体がインターネット上に公開されてしまう場合もあり、注意が必要です。

　　イ　②プロバイダ責任制限法に基づく送信防止措置請求

　この方法は、プロバイダに対し、申入書面を送付することにより行います。申入書面到達後、プロバイダは投稿者に対して、投稿の削除に同意するか否かの照会をかけます。そして、7日以内に反論がない場合には投稿記事が削除されます。しかし、投稿者から投稿削除を拒否されれば、削除されない可能性もあり、確実に削除され

るとは限らないでしょう。なお、投稿者へ送信防止措置請求による照会が行われますので、自主削除を事実上促す効果はあると考えられます。

　　ウ　③裁判上の削除請求（仮処分）
　①②が履践されない場合には、裁判所に仮処分を申し立てる方法があります。投稿の内容により名誉が毀損されていること又はプライバシーが侵害されていることを前提として、すぐに投稿が削除されなければ回復不能な損害が生じることを疎明する必要があります。裁判所への仮処分申立ては、裁判所命令が発令されれば、強制力はありますが、時間と費用がかかってしまう点が難点でしょう。

　iv　発信者情報開示請求
　　ア　プロバイダに対する発信者情報開示請求
　侵害情報の流通によって当該開示の請求をする者の権利が侵害されたことが明らかであるとき（権利侵害の明白性）及び当該発信者情報が当該開示の請求をする者の損害賠償請求権の行使のために必要である場合その他発信者情報の開示を受けるべき正当な理由があるとき（権利の必要性・正当性）に、発信者情報開示請求を行うことができます（プロバイダ責任制限法4条1項）。

　まず、コンテンツプロバイダに対してIPアドレス（パソコンやネットワーク機器など一つ一つに付けられた識別番号）とタイムスタンプの情報（投稿記事が送信された年月日及び時刻）の開示を求め、開示後、経由プロバイダに対して、コンテンツプロバイダから獲得したIPアドレスとタイムスタンプの情報を使用して、当該発信の時点で当該IPアドレスの割当てを受けていた氏名と住所の情報の開示を求めるという手続になります。

イ　裁判上の発信者情報開示請求

　プロバイダに対する発信者情報開示請求が認められない場合には、裁判所へ発信者情報開示の申立てをする必要があり、裁判手続としては、3段階の手続が必要です。具体的には、①コンテンツプロバイダに対する発信者情報開示仮処分命令の申立て、②経由プロバイダに対する発信者情報の消去禁止仮処分命令の申立て、③経由プロバイダに対する発信者情報開示請求訴訟を行わなければなりません。

a　①コンテンツプロバイダに対する発信者情報開示仮処分命令の申立て

　IPアドレスとタイムスタンプの情報開示仮処分命令の申立てを行います。

　なお、仮処分決定が出た後、保全執行の申立ても行うことを忘れないようにしましょう。

b　②経由プロバイダに対する発信者情報の消去禁止仮処分命令の申立て

　①により、IPアドレスとタイムスタンプの発信者情報が開示された場合、当該情報の消去禁止を求める仮処分命令を申し立てましょう。この手続の段階で、IPアドレスとタイムスタンプの情報が残っていないということになると、相手方の特定手段がなくなり、本訴の提起が困難となりますので、注意が必要です。

c　③経由プロバイダに対する発信者情報開示請求訴訟

　①②の手続後、経由プロバイダに対し、発信者の住所・氏名の開示を求める本訴を提起してください。IPアドレスやタイムスタンプとは異なり、住所・氏名の開示請求を仮処分で行うことは困難で

す。仮処分は保全の必要性が充足される場合にできますが、発信者情報開示請求においては、IPアドレス・タイムスタンプの保全期間が法律で定められておらず、保存期間が短期間にとどまる点を保全の必要性で主張するのであり、IPアドレスとタイムスタンプ以外の情報（氏名や住所等）の開示は、保全の必要性が充足しないと考えられています。したがって、氏名や住所の開示請求においては、仮処分ではなく本訴を提起する必要があります。

　なお、②経由プロバイダに対する発信者情報の消去禁止仮処分と③経由プロバイダに対する発信者情報開示請求訴訟とは、同時に提起しても構いません。

v　投稿者に対する損害賠償請求・自主削除要請

　投稿者の情報の開示を受け、投稿者の氏名や住所が判明すれば、当該投稿者に対して損害賠償請求や自主削除要請を行うことができます。

12 在留資格

(1) 外国国籍同士のカップルが海外で同性婚をした場合の在留資格

Q1　私とパートナーはいずれも外国国籍で、本国では有効に同性婚が成立しています。パートナーは日本の在留資格を持っているのですが、私が家族滞在の資格で日本に在留することは可能でしょうか。

> A1　家族滞在の資格で在留することは困難ですが、特定活動の資格で在留することは原則として認められています。

　法務省入国管理局入国在留課長による通知（平成25年10月18日付け法務省管在第5357号）は、「家族滞在」（出入国管理及び難民認定法別表第一の四の表）や「永住者の配偶者等」（同別表第二）にいう「配偶者」は、日本の婚姻に関する法令において有効なものとして取り扱われる婚姻の配偶者であり、外国で有効に成立した婚姻であっても同性婚による配偶者は含まれないが、外国で有効に成立した同性婚における配偶者が「特定活動」の在留資格で入国・在留することは原則として認められるとしています。

法務省管在第 5357 号
平成 25 年 10 月 18 日

地方入国管理局長殿
地方入国管理局支局長殿

法務省入国管理局入国在留課長

同性婚の配偶者に対する入国・在留審査について（通知）

　在留資格「家族滞在」、「永住者の配偶者等」等にいう「配偶者」は、我が国の婚姻に関する法令においても有効なものとして取り扱われる婚姻の配偶者であり、外国で有効に成立した婚姻であっても同性婚による配偶者は含まれないところ、本年 5 月にフランスで「同性婚法」が施行されるなどの近時の諸外国における同性婚に係る法整備の実情等を踏まえ、また、本国で同性婚をしている者について、その者が本国と同様に我が国においても安定的に生活できるよう人道的観点から配慮し、今般、同性婚による配偶者については、原則として、在留資格「特定活動」により入国・在留を認めることとしました。
　ついては、本国で有効に成立している同性婚の配偶者から、本邦において、その配偶者との同居及び扶養を受けて在留することを希望して「特定活動」の在留資格への変更許可申請がなされた場合は、専決により処分することなく、人道的観点から配慮すべき事情があるとして、意見を付して本省あて請訓願います。
　なお、管下出張所長へは、貴職から通知願います。

　なお、外交官の同性婚による夫については、外交官と同一の世帯に属する家族の構成員として外交での在留資格を与えている事例があります。

(2) 外国人と日本人のカップルが海外で同性婚をした場合の在留資格

Q2 私は日本人で、外国籍の同性パートナーと外国にて同性婚をしました。私は現在日本に居住しているのですが、外国籍の同性パートナーが、「日本人の配偶者等」（出入国管理及び難民認定法別表第二）の資格で日本に在留することはできますか。

A2 おそらく相当に難しいといわざるをえません。

　前記 A1 で述べた通知は、「家族滞在」「永住者の配偶者等」の在留資格について述べているものの、「日本人の配偶者等」の在留資格について述べているものではありません。しかし、この場合にも当該通知と同様に、配偶者とは日本の婚姻に関する法令において有効なものとして取り扱われる婚姻の配偶者であり、外国で有効に成立した婚姻であっても同性婚による配偶者は含まれないという考え方がとられるのであれば、日本国籍の者と他国で同性婚をした者が「日本人の配偶者等」の在留資格を得る可能性は低いでしょう。

　そこで、「日本人の配偶者等」ではなくとも「特定活動」での在留が可能かどうかが問題となります。しかし、先の通知は、「家族滞在」「永住者の配偶者等」の在留資格について述べており、「家族滞在」は外国人として在留する者の家族について、「永住者の配偶者等」は永住者の配偶者等についてありうる在留資格ですから、少

なくとも直接には、婚姻当事者の双方が外国人の場合について述べているものとみられます。また、先の通知の第2段落には、「本国で有効に成立している同性婚の配偶者」とあり、少なくとも日本国籍を有する者からみれば、外国籍の同性パートナーが「本国（日本人からみた場合には日本を指すことになります。）で有効に成立している同性婚の配偶者」であると主張することは相当に難しいといわざるをえません。

第3章

セクシュアル・マイノリティに関する日本の裁判例

1 トランスジェンダー

(1) 別性容姿で就労することの申出と企業秩序

(S社〔性同一性障害者解雇〕事件：東京地決平成14年6月20日労判830号13頁)

【事案の概要】

　服務命令に違反して女性の容姿をして出勤した当該従業員の行為は、就業規則所定の懲戒解雇事由に当たり得るが、会社に、当該従業員の性同一性障がいの事情を理解し、その申出に関する自らの意向を反映させようとする姿勢が欠けていたこと、女性の容姿での就労を認めることが、企業秩序または業務遂行に著しい支障を来すと認めるに足る疎明がないこと等の事情に照らせば、懲戒解雇に相当するまでの重大かつ悪質な企業秩序違反と認めることはできないとされた例

【判決内容】

　「疎明資料(〈証拠略〉)によれば、債権者が、幼少のころから男性として生活し、成長することに強い違和感を覚え、次第に女性としての自己を自覚するようになったこと、債権者は、性同一性障害として精神科で医師の診療を受け、ホルモン療法を受けたことから、精神的、肉体的に女性化が進み、平成13年12月ころには、男性の容姿をして債務者で就労することが精神、肉体の両面において次第に困難になっていたことが認められる。これらによれば、債権者は、本件申出をした当時には、性同一性障害(性転換症)として、精神的、肉体的に女性として行動することを強く求めており、他者から男性としての行動を要求され又は女性としての行動を抑制されると、多大な精神的苦痛を被る状態にあったということができる。そして、このことに照らすと、債権者が債務者に対し、女性の容姿をして就労することを認め、これに伴う配慮をしてほしいと求めることは、相応の理由があるものといえる。このような債権者の事情を踏まえて、債務者の前記主張について検討すると、債務者社員が債権者に抱いた違和感及び嫌悪感は……債権者における上記事

情を認識し、理解するよう図ることにより、時間の経過も相まって緩和する余地が十分あるものといえる。また、債務者の取引先や顧客が債権者に抱き又は抱くおそれのある違和感及び嫌悪感については、債務者の業務遂行上著しい支障を来すおそれがあるとまで認めるに足りる的確な疎明はない。のみならず、債務者は、債権者に対し、本件申出を受けた1月22日からこれを承認しないと回答した2月14日までの間に、本件申出について何らかの対応をし、また、この回答をした際にその具体的理由を説明しようとしたとは認められない上、その後の経緯に照らすと、債権者の性同一性障害に関する事情を理解し、本件申出に関する債権者の意向を反映しようとする姿勢を有していたとも認められない。そして、債務者において、債権者の業務内容、就労環境等について、本件申出に基づき、債務者、債権者双方の事情を踏まえた適切な配慮をした場合においても、なお、<u>女性の容姿をした債権者を就労させることが、債務者における企業秩序又は業務遂行において、著しい支障を来すと認めるに足りる疎明はない。</u>」

(2) 刑事収容施設における対応
（四谷署留置場事件：東京地判平成18年3月29日判時1935号84頁・判タ1243号78頁）

【事案の概要】
　戸籍上及び生物学上の性は男性であるが、内心及び身体の外形において女性である留置人（性別適合手術により陰茎及び精巣を除去し、豊胸手術を受けた者）に対して男性警察官らが行った身体検査等及び同人を一般の男性留置人が同室する共同房に留置したことが、許される範囲を超えて違法とされた事例

【判決内容】
　「本件では、MtFに対する身体検査が問題となっており、直ちに一般の女子に対するのと同様に扱うことはできないとしても、必要最小限性、相当性の判断は、具体的事情に応じてなされるべきであり、少なくとも、内心にお

いて女性であるとの確信を有し、外見上も女性としての身体を有する者に対する身体検査においては、特段の事情のない限り、女子職員が身体検査を行うか、医師若しくは成年の女子を立ち会わせなければならないと解するのが相当である。」

「原告は、戸籍上及び生物学上の性は男性であるが、内心において女性であるとの確信を有し、性別適合手術により陰茎及び精巣を除去し、豊胸手術を受けた者である。留置場の管理者は、以上のような事情のある原告を留置する場合には、被疑者留置規則12条1項、監獄法3条1項で男女を区分して留置することが定められている趣旨に照らし、その名誉、羞恥心及び貞操等を保護し、留置場内の規律を維持するため、原則として、原告を男子と区分して留置すべきであると言える。」

(3) 第三者精子提供による人工授精子の父子関係

（最三小決平成25年12月10日民集67巻9号1847頁・判時2210号27頁・判タ1398号77頁）

【事案の概要】

性同一性障害者の性別の取扱いの特例に関する法律3条1項の規定に基づき男性への性別の取扱いの変更の審判を受けた者の妻が婚姻中に懐胎した子が当該男性の子と推定された事例

【判決内容】

「特例法4条1項は、性別の取扱いの変更の審判を受けた者は、民法その他の法令の規定の適用については、法律に別段の定めがある場合を除き、その性別につき他の性別に変わったものとみなす旨を規定している。したがって、特例法3条1項の規定に基づき男性への性別の取扱いの変更の審判を受けた者は、以後、法令の規定の適用について男性とみなされるため、民法の規定に基づき夫として婚姻することができるのみならず、婚姻中にその妻が子を懐胎したときは、同法772条の規定により、当該子は当該夫の子と推定されるというべきである。もっとも、民法772条2項所定の期間内に

妻が出産した子について、妻がその子を懐胎すべき時期に、既に夫婦が事実上の離婚をして夫婦の実態が失われ、又は遠隔地に居住して、夫婦間に性的関係を持つ機会がなかったことが明らかであるなどの事情が存在する場合には、その子は実質的には同条の推定を受けないことは、当審の判例とするところであるが、性別の取扱いの変更の審判を受けた者については、妻との性的関係によって子をもうけることはおよそ想定できないものの、一方でそのような者に婚姻することを認めながら、他方で、その主要な効果である同条による嫡出の推定についての規定の適用を、妻との性的関係の結果もうけた子であり得ないことを理由に認めないとすることは相当でないというべきである。」

(4) 会員制ゴルフクラブへの入会拒否
（静岡地浜松支判平成26年9月8日判時2243号67頁）

【事案の概要】
　性同一性障がいにより性別を変更したことを理由に会員制ゴルフクラブへの入会を拒否されたとして、同ゴルフ場を経営する会社と運営するクラブを被告として原告が損害賠償を求めたのに対し、慰謝料100万円、弁護士費用10万円の損害を認めた事例

【判決内容】
　「被告クラブが閉鎖性を有する団体とは認められず、被る不利益も抽象的な危惧に過ぎない一方で、原告X1が被った精神的損害は重大なものであること、特例法が施行されてから本件入会拒否及び本件承認拒否までに約8年が経過しており、同障害が単なる趣味・嗜好の問題ではなく、本人の意思とは関わりなく罹患する疾患であることが相当程度社会においても認識され、また被告らとしても認識すべきであったと認められることなどに鑑みれば、被告らが構成員選択の自由を有することを十分考慮しても、やはり本件入会拒否及び本件承認拒否は、憲法14条1項及び国際人権B規約26条の規定の趣旨に照らし、社会的に許容しうる限界を超えるものとして違法とい

うべきである。」

(5) 名の変更
i （大阪高決平成 21 年 11 月 10 日家月 62 巻 8 号 75 頁）

【事案の概要】
　名の変更によって職場や社会生活に混乱が生じるような事情も認められないという事実関係の下では、変更後の名の使用実績が少ないとしても、名を変更することに正当な事由があるとされた事例

【判決内容】
　「本件においては、抗告人は、性同一性障害に罹患しており、社会生活上、自己が認識している性とは異なる男性として振る舞わなければならないことに精神的苦痛を感じ、抗告人の戸籍上の「○」という名は男性であることを表示していることから、「○」という名を使用することにも精神的苦痛を感じていると認められ、抗告人に責めに帰すべき事由があるなど、そのような精神的苦痛を甘受するのが相当であるといえるような事情は認められないから、……『当該名の使用を強いることが社会観念上不当である』場合に当たるといえる。

　もっとも、名を変更することは当人だけの問題ではなく、一般社会に対しても影響を及ぼすものであるから、この点について検討すると、抗告人は、学校に勤務しているが、上司や同僚は抗告人が性同一性障害に罹患していることを知っており、名の変更によって直ちに職場秩序に混乱を生じさせるとは認められない。また、保護者等については、もともと抗告人は学校内でも女性らしさが表に出ていたと認められることも考慮すれば、校長や教頭などから適切な方法により説明すれば、A○教諭とA△教諭との間に誤認混同が生じるおそれも少なく、教育の現場が混乱するとは直ちに認められない。また、名の変更によって職場以外の抗告人の社会生活について混乱が生じるような事情も認められない。

　なお、抗告人は婚姻しているが、近時、一見一読しただけでは性別が明ら

かでない名も増えてきていることは明らかであり、「△」という名が女性の名であるとも断定できないから、「△」への名の変更によって直ちに同性婚の外観を呈するといえるか疑問である上、戸籍上の性別が男性であることは変わりがなく、そのような外観を呈したことにより一般社会に影響を及ぼすとはいえない。」

「本件については、変更後の名である「△」の使用実績が少ないとしても、抗告人の名を「○」から「△」に変更することには正当な事由があるといえる。」

ⅱ（高松高決平成22年10月12日家月63巻8号58頁）
【事案の概要】
未成年の子がいる者について、性同一性障がいを理由とする名の変更が許可された事例
【判決内容】
「戸籍法107条の2……『正当な事由』の有無について検討するに、記録によれば、①抗告人は、性同一性障害者であって、日常は女性として生活していること、②抗告人の戸籍上の名である「○○」は男性であることを示すものであるため、抗告人は、性別アイデンティティーの維持や社会生活における本人確認などに支障を来していること、③抗告人は、現在、性同一性障害に関する治療のガイドラインに沿って、ホルモン療法を受けており、最終的には、性同一性障害者の性別の取扱いの特例に関する法律（以下「法」という。）に基づき、戸籍上の性別を変更する予定であること、④抗告人は、「△△」の通称名を現在に至るまで少なくとも9か月間余り使用しており、当該通称名は社会的に定着しているとまではいえないが、一定程度の使用実績があること、⑤抗告人は、現在、失職中であり、名の変更によって社会的な混乱が発生するとは考え難いことが認められ、これらの諸点を総合すれば、抗告人について名を変更しなければ社会生活上著しい支障があるということができるから、本件名の変更については「正当な事由」が存するものと認め

られる。」

　「なお、抗告人には未成年の子が2人いる（記録によれば、いずれも抗告人の前妻が親権者として監護養育していることが認められる。）から、抗告人が現在受けている治療を継続し、性別適合手術を受けたとしても、法3条1項3号により、長男が成人する平成26年×月までは、性別の取扱いの変更をすることができない。

　しかしながら、法3条1項3号は、未成年の子がいる者について性別の取扱いの変更を認めると、その子に心理的な混乱や不安等をもたらしたり、親子関係に影響を及ぼしかねないとの指摘があったことを踏まえて、子の福祉の観点からこれを制限したものであるところ、性別の取扱いの変更とは法律上の要件が異なる名の変更についてまで、法3条1項3号の趣旨を当然に考慮しなければならないと解することは相当でないというべきである。そして、本件において、抗告人の名の変更を認めることにより上記未成年の子らの福祉に悪影響が生ずる具体的なおそれがあることは、記録上窺われないから、抗告人に上記未成年の子らがいることを理由として、本件名の変更について「正当な事由」の存在を否定することはできない。」

2 同性愛・両性愛

(1) 性的指向に基づく公共施設の宿泊利用拒否

(府中青年の家事件：東京高判平成 9 年 9 月 16 日判タ 986 号 206 頁・判自 175 号 64 頁)

【事案の概要】

同性愛者の団体からの青年の家の利用申込みを不承認とした教育委員会の処分を違法であるとして損害賠償請求を一部認容した事例

【判決内容】

「都教育委員会が、青年の家利用の承認不承認にあたって男女別室宿泊の原則を考慮することは相当であるとしても、右は、異性愛者を前提とする社会的慣習であり、同性愛者の使用申込に対しては、同性愛者の特殊性、すなわち右原則をそのまま適用した場合の重大な不利益に十分配慮すべきであるのに、一般的に性的行為に及ぶ可能性があることのみを重視して、同性愛者の宿泊利用を一切拒否したものであって、その際には、一定の条件を付するなどして、より制限的でない方法により、同性愛者の利用権との調整を図ろうと検討した形跡も窺えないのである。したがって、都教育委員会の本件不承認処分は、青年の家が青少年の教育施設であることを考慮しても、<u>同性愛者の利用権を不当に制限し、結果的、実質的に不当な差別的取扱いをしたものであり、施設利用の承認不承認を判断する際に、その裁量権の範囲を逸脱したもの</u>であって、地方自治法 244 条 2 項、都青年の家条例 8 条の解釈適用を誤った違法なものというべきである。」

(2) 同性愛者の難民該当性

(シェイダ事件：東京地判平成 16 年 2 月 25 日訟月 51 巻 1 号 102 頁)

【事案の概要】

同性愛者であることを理由に迫害を受けるおそれがあるとは認められないとして、難民には該当しないとされた事例

【判決内容】

「イランにおいては、同性愛者は相当数存在し、これらの者の間で行われる同性間性行為も、前記のようなソドミー条項の存在にもかかわらず、それが公然と行われるのでない限り、それだけで刑事訴追を受ける危険性は相当に低い状況にあるということはでき、同国においても、同性愛者は、その意思により、訴追等の危険を避けつつ、同性愛者としての生活を送ることができると認めるのが相当である。したがって、原告が同性愛者であるというだけでは、イランにおいては、難民条約 1 条 A（2）にいう「迫害を受けるおそれがあるという十分に理由のある恐怖」を有する客観的事情が存在するとは認め難い。」

(3) 同性愛を推測させる表現と名誉毀損

（毎日新聞社事件：東京高判平成 18 年 10 月 18 日判時 1946 号 48 頁）

【事案の概要】

週刊誌における新聞社社長拉致事件の記事に関する新聞、車内等の広告について、名誉毀損の成立を認め、慰謝料等の支払が命じられた事例

【判決内容】

「現在の日本社会においては、同性愛者、同行為を愛好する者に対しては侮蔑の念や不潔感を抱く者がなお少なくないことは公知の事実ともいえるのであって、このような状況において、控訴人甲野がかかる嗜好をもつ者と誤解されることは同控訴人の社会的評価を低下させるものということができる。また、本件記事を読んだ者は、本件記事の内容から、本件見出し又は本件広告の当該部分が、当該記事に対する一般公衆の関心をひいて雑誌の購買意欲を高めようと企図したものであって、同控訴人がそれらの嗜好を持つ者ではないことを容易に理解するといえるけれども、本件広告を見るだけで本件記事を読まない者（記事を読む者に比べて、格段に多いことは公知の事実である。）の中には、キャッチコピーにかかる上記性質を知っていたとしても、なお、同控訴人がかかる嗜好を有するものであるとの印象ないし疑惑をその

まま残す者も生じるとみるべきであって、同控訴人についての社会的評価が低下する状態が続くことになる。以上によれば、本件広告中「ホモ写真」と表現した部分については、控訴人甲野に対する名誉毀損行為が成立するというべきである。」

※この裁判例について、「同性愛者であることを摘示されることは社会的評価の低下につながるのか。……同性愛者であることは道徳的に何ら恥ずべきことではなく、『同性愛者』であることの摘示がその者の社会的評価を低下させることはないといえよう。しかし、実際に同性愛者であるか否かにかかわらず、『ホモ』という同性愛者に対する差別的・侮辱的表現を用いていることについて、裁判所が極めて鈍感である点に、現在の日本における同性愛者に対する差別表現の問題の根深さがうかがえる。」とする評釈がある（谷口洋幸・齊藤笑美子・大島梨沙編『性的マイノリティ判例解説』（信山社、2011年）59頁〜〔髙佐智美〕）。

コラム　アメリカ連邦最高裁 Obergefell v. Hodges 判決

　アメリカ連邦最高裁判所は、2015年6月26日、Obergefell v. Hodges（135 S.Ct. 2584（2015））事件判決にて、異性のカップルと同様に同性のカップルにも婚姻が認められるべきであるとの判断を示しました。

　アメリカ合衆国では、婚姻については伝統的に各州の州法によって定められています。この判決の当時は、同性のカップルに婚姻を認める州もあれば、認めない州もあるという状況でした。

　しかし、アメリカ合衆国は連邦制をとっているので州の婚姻法について連邦の裁判所による審査がありえます。すなわち、連邦問題事件（連邦憲法・連邦の法律・条約に基づく事件）には、連邦裁判所の司法権が及びます。また、アメリカ合衆国の憲法の修正第14条第3文・第4文は、「いかなる州も、法の適正な過程（due process of law）によらずに、何人からもその生命、自由または財産を奪ってはならない。いかなる州も、その管轄内にある者に対し法の平等な保護を否定してはならない。」と定めています。

　この事件の原告・上訴人の一人、オハイオ州のオバーゲフェルさんは、「アーサーと20年以上前に出会った。そして恋に落ちて、人生を共にし始めて、永続的な献身の関係（committed relation）を築いていた。ところが、2011年にアーサーは筋萎縮性側索硬化症・ALSと診断された。この体を弱らせる病

気は進行性のものであり、治療法はみつかっていなかった。2年前に、オバーゲフェルとアーサーは、互いに献身し合うことを決めて、アーサーが死亡する前に婚姻することを決心した。」（連邦最高裁判決文から引用）。

　しかし、オハイオ州では同性の婚姻が法的に認められていませんでした。そこで「互いの約束を果たすためオハイオ州から同性の婚姻が法的に認められているメリーランド州まで旅をした。アーサーは移動することが困難であり、バルチモアの駐機場に医療用飛行機を停めたまま、その機内にてこのカップルは婚姻した。3か月して、アーサーは死亡した。しかし、オハイオ州法のもとでは、アーサーの死亡証明書に、オバーゲフェルが生存配偶者としては記載されることは許されなかった。立法によって、死においてさえ見知らぬ他人としてあり続けなければならなかったのであり、オバーゲフェルにとっては『残りの人生の間も痛みを覚えさせられる』州に強いられた離別であった。」（連邦最高裁判決文から引用）。

　オハイオ州の婚姻法は、2004年から「同性の者の間のいかなる婚姻も州の公共政策に反する。」「他州でなされた同性の者による婚姻は、この州ではいかなる法的な効力も効果もいかなる面でも有さないものと扱われこの州により承認されることはない。」などと定めていました。また、オハイオ州の憲法は、2004年の変更により、「ひとりの男性とひとりの女性との結合だけがこの州とその政治的下位部門において有効とされる又は承認される婚姻でありうる。」などと定めていました。アー

サーさんの死亡証明書に生存配偶者として記載されるためにオバーゲフェルさんはオハイオ南地区連邦地方裁判所に訴えを提起しました。第1審では勝訴したものの被告は控訴して争いました。

　原告・上訴人のエイプリル・デボアさんとジェイン・ラウスさんは、ミシガン州の女性二人のカップルでした。ミシガン州では、2004年に州の憲法が投票で変更されて、「私たちの社会と子どもたちの子孫の利益を確保し保全するため、婚姻による一人の男性と一人の女性との結合がいかなる目的においても婚姻あるいは類似の結合とみうる唯一の合意でなければならない。」と定められていました。

　デボアさんとラウスさんは、「2007年に永遠の関係が続くようにと献身の儀式を祝った。二人はともに看護婦として働いており、デボアは新生児室に、ラウスさんは緊急室に勤務していた。2009年に、デボアとラウスは、赤ちゃんの男の子を養育しはじめその後に［ラウスさんの］養子にした。その年の遅くに、もう一人の息子を家族にした［2011年10月にラウスさんの養子にした。］。その新しい赤ちゃんは、未熟児で生まれて生物学的な母親から棄てられていて、24時間の世話が必要であった。翌年、特別な必要のある女の子の赤ちゃんが家族に加わった［2011年4月にデボアさんの養子にした。］。しかし、ミシガン州では、異性の婚姻している夫婦又は独身の個人しか養子縁組ができないため、それぞれの子どもが法的な親にできるのは片方の女性だけである。もしも緊急なことが生じたら、

学校や病院は3人の子どもをあたかも1人の親しかいないかのごとくに扱うかもしれない。そして、もしデボア又はラウスのいずれかに悲劇が襲ったならば、もう片方は、養子縁組をすることが許されなかった子どもたちについては何らの法的な権限を有しないことになるだろう。このカップルは、人生において、婚姻していない地位がもたらす継続的な不安定からの救済を求めている。」（[　]内は原審判決文によるが、その他は連邦最高裁判決文から引用）。

　デボアさんとラウスさんは、ミシガン州東地区連邦地方裁判所に訴えを提起しました。こちらも第1審は勝訴したものの被告は控訴しました。

　第6巡回区連邦控訴裁判所は、オバーゲフェルさんの事件、デボアさんとラウスさんの事件、他の連邦地方裁判所の事件を併合したうえ、それぞれの連邦地方裁判所の判断を破棄したので、オバーゲフェルさんたちは、連邦最高裁で争いました。

　連邦最高裁には、「裁判所の友（amicus curiae）」として、連邦訟務長官やさまざまな団体などから原告を支持してあるいは被告を支持しての多数の意見書の提出がありました。

　連邦最高裁は、ケネディ裁判官ら5名の多数意見（ロバーツ長官ほか4名は各々反対意見）により、連邦控訴裁判所の判断を破棄して、憲法第14修正のデュープロセスにより保障される自由である婚姻の権利は同性のカップルも異性のカップルと同様に行使できるものであり、この同性のカップルにも認められる憲法第14修正の保障する自由の一部である婚姻の権利は

法の平等な保護にも由来するものであり、したがって、婚姻を異性間に限る州法は無効であり、また、州は他州で適法になされた婚姻を同性間のものであることを理由として承認することを拒否してはならない旨の判断を示しました。

第4章

座談会・インタビュー

1　座談会

（2015年11月27日開催／東京弁護士会広報誌『LIBRA』2016年3月号にも抜粋を掲載）

> **鳩貝啓美**氏（特定非営利活動法人レインボーコミュニティcoLLabo代表理事／レズビアン）
> **岩本　梓**氏（レインボー金沢ボランティア・スタッフ／トランスジェンダー）
> **永野　靖**氏（弁護士／ゲイ）
> 　　　　司会：寺原真希子（性の平等に関する委員会委員長（当時））

(1)　自己紹介及び活動内容の概要

――まず、自己紹介からお願いしたいと思います。

鳩貝：鳩貝啓美です。私はレズビアンの当事者で、間もなく交際10年になるパートナーと同居生活をしています。レインボーコミュニティcoLLaboというNPO法人をやっていまして、そこではセクシュアリティを隠さなくても生きられる社会をつくりたいということで活動しています。主にレズビアンと多様な女性たちということでセクシュアル・マイノリティの女性をターゲットにした活動です。

　なぜ、そのように絞ったかといいますと、レズビアン、多様な女性というのは、LGBTとかセクシュアル・マイノリティとか、一言でくくられない固有の課題があると考えるからです。主に当事者向けの活動としては相談、ピアサポート、勉強会などをして、当事者たちをとにかく力づけていくということをしています。

　それと併せて、社会に向けて、啓発、情報発信、当事者の問題解決に役立つ資源を開拓するということで、両面から活動しています。

岩本：岩本梓と申します。私はトランスジェンダーで、戸籍上の性別は男性ですが、性自認は女性です。レインボー金沢は2011年にできたのですが、2012年からスタッフをさせていただいています。

　レインボー金沢では、活動の柱として大きく二つありまして、一つは交流会です。年に4回ほど、毎回20～30人ぐらいの方が参加されています。もう一つは、行政などに対して、セクシュアル・マイノリティの扱いの改善を求めるという活動を行っています。

　最近では、2015年の4月にLGBT法連合会が発足し、その代表団体の一つとしての仕事もさせていただいています。

永野：永野靖と申します。弁護士をしておりまして、司法修習53期です。大学の卒業後、金融機関に勤めて9年半ぐらい働いていました。その後その金融機関を辞めまして、将来日本でも同性愛者の法律問題というものが問題になることもあるかなと思い、また、私自身ゲイの当事者ということもあって弁護士を目指し、40歳のときに弁護士になったという経歴です。

　現在は、セクシュアル・マイノリティの方の法律相談をいろいろとしています。また、NPO法人動くゲイとレズビアンの会というところで電話相談をしているのですが、そこで入ってくる法律問題についてケーススタディーをしたり、パートナー法ネットという同性パートナーシップ法の制定を求める団体の一員として活動をしたり、LGBT法連合会というところでLGBT差別禁止法の制定を目指す活動もしております。

(2) カミングアウトの有無及び経緯・理由

――まずは、カミングアウトについてお伺いしたいと思います。ご両親に対して、あるいは職場などでカミングアウトをされているか。されている場合には、それに至る経緯、されていない場合にはその理由について教えていただけますか。

鳩貝：両親ともにカミングアウトをしています。私が31歳、32歳ぐらいの頃です。それまで、コミュニティに出て3〜4年経つのですが、友人たちの話を聞いていると、親にカミングアウトした人というのは何か新しい親子関係を結んでいて、すごくうらやましいなというふうに感じていたんですね。

ただ、あまり実感がわかずにいたわけなのですが、私の場合はレズビアンであるという自己受容をするのと反比例して、親との距離がどんどん開いていってしまったんですね。レズビアンであるということがわかればわかるほど会えなくなっていました。

もともとあまり恋愛・結婚という話題がない家庭だったので、いつ、どのようなタイミングで言ったらよいか悩んでいました。そんな矢先、電話で父から突然お見合い話を持ってこられまして、このまま黙っていたらもうレズビアンとしては生きていけなくなるなという危機感を感じて、電話口で精いっぱい伝えたということです。

父（教師なのですが）の反応としては、「そういえば昔教え子に男子が好きな男子がいたな。」というようなことを言い、何とか理解しようと努めていたのですが、すごく動揺が伝わってきて、もう一度休日に会いに行って説明をしました。

そうすると、やはり、「レズビアンだというのはわかったけど、結婚しないと決めつけなくてもいいのではないか。」などと、かなり混乱したような状況にいたんです

鳩貝啓美氏

ね。ですから、こちらも少し感情的になりながら話したのを覚えています。「性的指向って変えられないんだよ。」と訴えて、最終的に父は、「じゃあ、実存主義的に理解しよう。」と言っていましたね。

──あるがままということですね。

鳩貝：はい。非常にわかりづらい形で収まり、母は父から伝わらなかったので、翌年もう一度仕切り直しをして話しました。母の存在は私にとっては大きいので、なかなか自分から言うのは勇気が必要だったんですね。部屋に呼んで、同性愛の本を並べておいて、話題にしてもらえるように差し向けて……。「これってあなたのこと？」と聞かれるのを待って、自分が話をしたということがありました。

──そうなんですね。お母様の方がより言いにくいというか、近い存在だからということなんですかね。

鳩貝：たぶんそうだと思います。

岩本：私は当事者のための団体ではカミングアウトしていました。それ以外ではほとんどしていないですね。父親は20年ぐらい前に亡くなり、母親も10年前に亡くなったのですが、どちらもカミングアウトする前でした。

母親は何となく以心伝心で、子供の姿、雰囲気が変わってきているし、問わず語りのような感じもあったのですが、特にそれで問いただすようなこともなく、「変だ」とか「悪い」とか言うこともなく、ともかく「子供だから理解しているよ」という雰囲気で接してくれたので、それはありがたかったなと思っています。

職場については、職場の産業医の方とごく若干の方にはお話ししていますが、それ以外にはお話ししていません。とはいっても、トランスジェンダーですので、何となく雰囲気を見てそうじゃないかなと思っている方も多いと思います。けれども、そこであえてカミングアウトしても、ハイリスク、ローリターンという感じがしていて、具体的にそれでメリットがあるかというとちょっと難しい面もあります。していなくても大きな不自由はないので、そのまま来ているというのが実情です。

——カミングアウトされてないということは、外見上は女性でいらっしゃるわけですけれども、職場では男性ということで通っているということなんですか。

岩本：そうですね。今の職場に勤め始めたのは 25 年ぐらい前になりますが、そのときは見るからに男性に近いような感じだったので、それで途中で変わるというのもなかなかしづらいという感じです。

永野：私は弁護士になった経緯が先ほど申し上げたようなこともあったものですから、今は独立して自分で事務所は持っておりますが、最初、司法修習が終わって入所する事務所を探したときには、自分がゲイであって同性愛者の問題に取り組みたいと思っているということはオープンにして就職活動を行いました。

　ですから、最終的に東京南部法律事務所というところでお世話になることになるのですが、一応所員の方はもう私がゲイであるということは知ったうえで採用もしてくださったという経過です。そうはいっても、カミングアウトの問題というのは、本当にセクシュアル・マイノリティにとっては終わりがなく、例えば、依頼者と話をしているときに、「永野さんは結婚されているんですか。」とか、「お子さんはいらっしゃるんですか。」という話は出てくるときがあります。そういうときに、「実は私はゲイでございます。」とはいちいち話をしませんので、「いや、特におりません。」と一言で済ませますよね。

　だから、基本的にオープンにはしているのですが、日常的に新たな人に出会うごとに必ずカミングアウトの問題は問われることなので、どういうタイミングでどういうふうにお話をするかというのはいつも私も考えています。多くのセクシュアル・マイノリティは同じではないかなと思います。

　また、私の場合は幸いカミングアウトしたことによって差別的な言動を浴びせかけられたということは特にないのですが、ただやはりこれもあくまでも私の場合はそうだったというだけで、一般化はできないと思います。やはりリスクがあることは間違いないことですし、他人が強制するこ

とでは決してないだろうと思います。あくまでもそのご本人が、ご本人が置かれた状況やら諸々の条件を考えてカミングアウトをしたいと思ったときにするということなのかなとは考えております。

(3) 渋谷区の証明書発行及び世田谷区の宣誓書受領証発行について

──次に、渋谷区の証明書発行、それと世田谷区の宣誓書受領証発行についてお伺いしたいと思います。渋谷区では2015年3月に成立した条例によって同年11月からパートナーシップ証明の発行が始まりました。世田谷区では要綱という形でやはり同年11月からパートナーシップ宣誓書の受付けが始まりました。これについてどのように感じていらっしゃいますか。

鳩貝：いくつかの観点に分けてお話ししたいのですが、まず、世田谷にNPO法人の事務所があります。うちが関わってきた側面からいうと、今年の初めに、上川区議から呼び掛けがありまして、区民の方と勉強会を始めるというところから会として関わってきました。

　リアリティーのある当事者の声をやはり区長に伝えようというところがあって、本当に名前もない、活動なんて普段はしてない区民の方たちが、一生懸命訴えに出掛けていくまでをともにしてきていましたし、こちらの訴えに対して区がどういうリアクションをしてくるかというプロセスもつぶさに見させていただくことができて、すごく勉強になったと思いました。

　制度ができること自体がすごかったことなのですが、「こうやって社会を変えていけるんだ」という希望がわきました。活動してきていても、いつかはとは思っていてもすぐとは思えなかったものがリアルに感じられ、学ぶ時間だったなと思っているのが1点です。

　それから2点目に、当事者としての反応なのですが、渋谷でも世田谷区民でもないのですが、どちらかといえばクローゼットだった20代のメンバーがいまして、ものすごくこのニュースに飛びついていたんですね。喜んで逐次メディアをチェックしているという姿が印象的で、やはり「す

ごい社会の変化というのは当事者のパワーであるな」ということを実感しました。

　ただ一方で、ぴんとこないという反応もあって、「区民じゃないから」とか、「身近に感じられない」、「今シングルだから」というリアクションがあったりします。総合して、「制度があったら自分も利用したいな」という意見の方が私の周辺は多いように思ったのですが、やはりカミングアウトと一緒で、メリットと開示する勇気（開示しなくてもいいのですが、宣誓をしに行くというのが一応開示になるのかな）。そこは天秤にかけているなという感じですね。

　冷静といっていいのか、少し見方を変えると、こういう事柄に対しての感情が少し鈍麻している人たちが当事者の中にもいるのかなと、少し冷めて見ているみたいなところがありました。

　最後に、曲がりなりに活動するという経験をしている者として感じるのは、やはりこのような制度というのは即メリットみたいなことで考えるべきじゃないんだろうなと思うんですね。

　また、一方当事者としては、行政がすべてよいものを作ってくれるというふうに丸投げで期待するものでもないなと感じまして、やはり制度ができたんだから利用していく、利用していくことで顕在化する、匿名のままでも件数が上がるという中で変わっていったということがあれば、日本中に普及、拡大するだろうし、いずれ国という議論になるかなということをすごく楽しみに期待しております。

岩本：地方に住んでいると、遠いところの話という雰囲気があり、実際に地元でパートナーと一緒に暮らしている方の声はなかなか聞こえてきません。

　ただ、NHK が先月「LGBT 当事者アンケート」という調査を行い、全国の 2,600 人余りの方から回答がありました。その中で、こういう証明書ができたら利用したいかと尋ねたところ、「利用したい」あるいは「パートナーがいれば利用したい」という回答を合わせると、8 割以上の方が利

用したいという回答で、地方でも大都市圏に近い数字が出ています。つまり、すぐ使うかどうかはともかく、そういう制度ができたら、何かのときのある種のセーフティーネットの一部にはなるかなということが期待されていると思います。

　北陸でも最近は、同性の挙式をサポートするブライダルの式場ができてきて、「みんなのウェディング」で検索できます。そういう中で鶏と卵みたいな関係で、ブライダルの業者が一歩進めば地元の産業界の方の理解も進むし、そういうふうな一歩一歩進んでいく中の一つとして意味が大きいのではないかと思っています。

　それから、トランスジェンダーにとっても意味があります。後の話にも出てきますが、トランスジェンダーで戸籍の性別変更は、今の日本では非常に制約条件が厳しいので、それに代わるものとして、性別変更しなくてもパートナーとして公的に認められる道が開けたというのは、当事者の方にとっては一つの安心材料です。トランスジェンダーの方の中で、先ほど紹介したNHKの調査でも利用したいという方がかなりいました。

永野：この渋谷区と世田谷区の同性パートナーシップの件はやはり、私が事前に思っていた以上に社会的な反響が大きかったなと思います。これまで同性カップルというのは、法令上はまったく公的には赤の他人という位置付けであったわけですが、今回初めて渋谷区の場合であれば条例という形で、同性カップルがこの世の中に存在するということを行政が認めて、何らかの法的な位置付けを与えたということですよね。これは非常に意義が大きかったことだと思います。

　確かに婚姻とは違って、法的な効果というものは稀薄ではあるのですが、これまで存在が認められていなかった同性カップルなり、あるいは同性愛者なりというものを行政が認めた、その波及効果として社会的な承認が非常にここで大きく深まったというところに意義があったことではないかなと思います。先般NHKの『クローズアップ現代』でこの問題を取り上げておりましたが、当事者にとっても社会的な承認を得るという喜びが

非常に大きかったと、その番組でも言っておりましたし、私もそういう意義が非常にあっただろうなと思っております。

(4) 日弁連に対する人権救済申立てについて

──では、日弁連に対する人権救済申立てについて伺います。2015年7月に日弁連に対して、455人の申立人によって、同性婚を認めないことは人権侵害であるという、人権救済の申立てがなされました。永野さんはその代理人のお一人であって、鳩貝さんと岩本さんは申立人のお一人でいらっしゃいますけれども、それに至った経緯等についてお話をいただきたいと思います。

永野：この経緯はいろいろなところで聞かれるのですが、最初のきっかけは、本当にもうひょんなことと言いましょうか、私と同じ事務所の山下敏雅弁護士が今年の正月にふとひらめき、「日弁連の人権救済申立てをやってみたら面白いかもね」というふうに問題提起をしましたら、LGBT問題に関心があって普段から連絡を取り合っている弁護士達が「やろう、やろう」と……。ちょうど始めたところで偶然渋谷は出てくるわ、世田谷は出てくるわ、アメリカの連邦最高裁の判決は出るわということで、私どもが当初予定していた以上に社会的に注目をしていただくことができたかなと思っています。

　ただ、これは一見偶然ではあるのですが、背景としてはやはりここ10年、20年の間、同性カップルの法的な保障を求めるという取組みは地道にずっと続いてきてはいたんですね。そういう長年のいろいろな人の地道な努力というものがまたまここでぱっと花開いたといいましょうか、そういうことなのではないかなと思っています。

鳩貝：正月のそんな場面から生まれたとは知らなかったです。最初にその話を聞いたと

永野 靖氏

きは、そんな方法があるんだという驚きでしたね。信頼する代理人の弁護団の皆さんからお話を聞いて、これはやらなきゃいけないとすぐに思いました。

　coLLabo を始めて5年間経つ中では、同性婚とかそういうものを議論すると、何となくコミュニティの意見としてばらばらで分断しちゃうんじゃないかという、ちょっとアレルギーがあって避けていたんですね。ただ、永野さんも言われたようなパートナー法ネットの動きがあったり、やはり同性のパートナーシップ・カップルという話題は、当事者の困り感を具体化するし顕在化させるんですね。

　当事者も自覚が促されていくし、やはり共有しやすい・共有したいテーマの一つでもあったんですね。だからやはりパートナーシップは扱わなきゃと思っていた矢先にその話が来たということで、私も「これはぜひ動かなきゃ」と思いました。

　そこに込める思いとしてなのですが、本当に陳述書は時間をかけて書かせていただいて、それはやはりこれまでの社会生活に「ない」ということにあまりにも慣れてしまっていたので、その「ない」ということが不便なんだということを言葉にしていく、意識化するという作業はすごくエネルギーが必要だったという感じがします。

　coLLabo のスタッフとともに陳述書を書いたり、あるいは署名をしたりということで一緒に参加して活動をしてきたのですが、最終的にはやはり日弁連にこの声はしっかり受け止めていただいて、国に立法を認めるように働き掛けしていただきたいなということはもちろん思います。それは同性婚であれ、ドメスティックパートナー制度であれです。

　それとは別にこういった一緒に行動を共にできた20代の若いスタッフたち、シングルの子も含めて、みんなで社会的な意識を高めることができたという意味においては、すごくこのテーマは大きかったなと思っています。また、私自身も新聞報道に顔を出すという新しい挑戦をする、自分にとってカミングアウトの幅を広げる経験にもなったし、親戚中に署名をお

願いしてみたりもしたんですね。母にカミングアウトはしていましたが、私が直にちゃんとおじ、おばに話をするのは初めてだったので、そういう意味では理解者を生む運動のベーシックなものも含めて経験できたという、そんないろいろな出来事が詰まった申立てでした。

岩本：この申立てについては、LGBT 法連合会でも積極的な宣伝をさせていただきまして、私も最後の方で申立てに参加させていただきました。私の場合はトランスジェンダーの MtF であり、性的指向が女性なので、戸籍の性別変更をしなければ性的指向に合った人（女性）と結婚できるのですが、戸籍の性別変更をしてしまえば結婚できません。どちらかしか選べないという状況はやはり人権侵害ではないかということが理由の 1 点です。トランスジェンダーについていえば、私のように性別変更しなければ結婚できるというタイプと、それから性別変更をしないと結婚できないけれども、いろいろな事情があって性別変更できないで困るという二つのタイプがあります。いずれのタイプにとっても、性別変更する／しないの話と結婚とどちらか選ぶというのは不条理なことですので、ぜひ是正していただきたいと申立てに参加させていただきました。

　それから、もう 1 点の理由は、地方でもこの問題がはっきりあるということを少しでも可視化したいと思ったからです。

(5) 特例法について

――ありがとうございます。次に、岩本さんに特例法についてお伺いしたいと思います。2003 年に成立した性同一性障害者の性別の取扱いの特例に関する法律によって、一定の要件を満たせば戸籍上の性別を変更することができますが、変更のための要件が厳しすぎるというご指摘が先ほどもありました。実感として性別適合手術のハードルが高いがゆえに、要件を満たすことができないという方が多いというふうには感じられますか。

岩本：強く感じます。日本の特例法ができたときには国際的にも手術の要件等々があったのもやむをえなかった面があると思うのですが、今日、ヨー

ロッパを中心に手術を必要としない、さらにはホルモン治療も必要としない、国によっては医師の診断書すら必要なくて、お医者さんが全然関与しなくても申立てて裁判所が認めれば変更を認めるという国が増えています。WHOなども手術を要件に含むのは人権侵害だと問題視しています。

　世界の中で今5か国では医師の関与がまったく必要なく性別変更できます。性別適合手術というのは、費用の面でも体への負担の面でも非常にハードルが高いし、それをしたとしても今の日本では結婚していればダメ、20歳未満の子供がいたらダメということですので、実際には生まれたときの戸籍の性別とは違う形で生活しているけれども戸籍が変えられないために本人も非常に困っているし、そのためご家族自身も困っているという方が多くいます。

──性別違和があるのであれば、その性別適合手術を受けて戸籍上の性別を変更すればよいというような、無知や無理解ゆえの安易な論調ということも実際感じられることがありますが、この点は実感としていかがでしょうか。また、戸籍上の性別変更自体にはこだわらない、あるいは戸籍変更には抵抗があるという方も一定程度いらっしゃるというご印象はおありでしょうか。

岩本：まず、性同一性障害特例法ができたことは大きな進歩だと思うのです。しかし、「希望すれば誰でも手術を受けられて、戸籍の変更をすればいいじゃないか」と誤解している方が実は非常に多いんですね。政治家の中にもそういう方が非常に多くいらっしゃいます。ですから、戸籍の変更をしてないトランスジェンダーの人が逆に肩身が狭くなっていたり、あるいは差別されていたりということが実際にあります。

　それから、性別変更にこだわらない、あるいは手術に抵抗があるという人も、実際にいらっしゃいます。自分の性別違和の程度が非常に強ければ変更したい場合が多いのですが、手術するまでは……というところでやはり迷う方も非常に多いですね。「手術がないなら戸籍変更したいのだが」という方も一定程度いらっしゃいます。

(6) 学生時代のエピソード

――それでは学生時代のエピソードについて教えていただきたいと思います。LGBTについては、人権教育としての学校教育と生涯教育が非常に重要だと考えています。その観点から当委員会(東京弁護士会両性の平等に関する委員会)では、中学校、高校の先生方をお招きして公開学習会を開催し、学校での取り上げ方などについて意見交換を行っています。これに関連して、ご自身の学生時代のエピソードをお話いただければと思います。

司会:寺原真希子

鳩貝:同性愛であるということに気づいたのは10歳、小学校5年生のときですが、ほどなく「それは同性愛ということなんだ」とつながっていきました。もちろん受け入れるのには時間がかかるわけなのですが。小中学校生活を送っていたのは1970年代後半です。探した情報は百科事典、それから父の本棚にある生活指導の資料というところですね。あとは本屋さんに行って新書を見ました。フロイトとかですね。何でも見ました。

ただ、そこには異常性愛とか性的倒錯という類の記述しかなく、何度見ても同じでした。でも、異常とか病気とか非行とかそういう言葉の羅列の中では、唯一救いだったのはギリシャ時代の哲学者にもいたとか、やはり優れたアーティストには多いとか、そういう何かステレオタイプなんだけれども、「優れた人だったらいいんじゃないか、許されるんだ」というところが私の支えでしたね。

また、女性の場合は、女の先輩にひかれる女子というのは思春期のときにいるというのがどうもあって、その解釈に少し安堵感を覚えていたと。「いつかは変わるんだ」というのが救いだったんですね。ただ、この悩みは誰にも言えずにいました。家族にも、学校にもですね。言ったらもう最後だと。異常だ、病気だというふうに思われるのは怖い、恐怖という

真っただ中にいて、ただ一方で、子供なのでやはりどこか態度に出るんですね。好きな女の子に対する態度が。

　そうすると周りの敏感な子たちが「おかしい」とか「レズなんじゃない」とかいうことを言って非難してくる。私をハブこうとする場面もあって、ただ、学級委員長だったのでそういう意味では孤立はしなかったのですが、心の中は常に孤独でした。だから、教育に関しては小学校から必要なんじゃないかなと思っており、現在中学校と高校のスクールカウンセラーをしているのですが、生徒からセクシュアリティに関する話題が出てくることは時々あります。悩みではないんですけど。

　ある子はすごく自然体で「女の子から告られたけど自分は好きじゃないから断った」とか、あるいは「私ね、変わっているんだけど、変わっているんだけど」ってずっと言い続けて、何かなと思って聞くと、「彼女がいるの」と言ってきたりと、両方あるんですね。自然に受け入れる子もあれば、でもやはり異常なことと思ってとらえている子もいる。そんな中で彼女たちと会ってみてセクシュアリティに関する情報は格段に増えています。

　だから、時代の変化はあるのですが、やはりただでさえ自分と異質な人を拒否するとか、なるべく周りから浮かないようにするということに力を入れる世代ですから、単に肯定的な情報が流れているからよいというよりは、やはり確実に指導的な立場の大人が介在して、教育的支援や配慮ということをしていく必要があると思っています。

　セクシュアリティで悩む子は、昔も今もやはりまず家庭で話せるとは限りません。となれば、やはりそれを身近で発見できるのは学校の先生なのではないかと強く思います。いじめ対策とかもいろいろ考え方が変わりますよね。特別支援教育みたいな考え方もあるので、基本的にはやはりそういう考え方の中で「個別の配慮なんだよ」というところを先生方には持っていただいて、いじめと同じように早期に見つけてあげて支援の手を差し伸べるという発想でいていただきたいと思うんです。

学校現場へ行っていると、やはり先生方は個人差がすごくありますよね。だから弁護士会の活動はすごくありがたいのですが、現場はその方たちのセンスによってしまうところもあるので、大学とか教員養成の段階からであるとか、センスのよいリーダーシップがとれる教員を育成していただきたいです。また、やはり教育委員会といった教育行政のほうから動かしていくというようなことをしていかないと、なかなか学校現場は変わりづらいのかなというふうに感じています。

岩本：私は、学校時代はずっと、「何か変わった生徒だな」というふうに友達からも先生からも見られていたようです。ただそれは、トランスジェンダーですが性的指向は女性なので外見的に見たら異性愛ですし、1970年代当時、トランスジェンダーについての情報は私の周囲にはほとんどないような状況だったからのように思います。

　こういうことなので、自分がトランスジェンダーであると自覚したのは30代後半になってからですね。大学時代は男友達の彼女と話がよく合うというような感じでしたね。私は関西出身なのですが、最近、地元の自治体が教員向けにセクシュアル・マイノリティの子ども支援のために啓発資料を作るというので、当事者の人に小中学生時代についてのアンケートがあって、その回答を書きながらいろいろ思い起こしました。私のいた地域は転校生も帰国子女も多かったし、学校自体が児童生徒の自主性や個性、自由を尊重する校風だったので、そういう意味では非常にありがたかったですね。

　できたリーフレットは教育委員会や現場の先生一人一人に配られたそうです。すると、卒業した年代を見て、「あの学校は私もいたところだけど全然気づいてあげられなかった」とショックを受けられた先生もずいぶんいらしたと伝え聞きました。

　子どものほうから先生に打ち明けるというのは非常に大変だと思うので、先生のほうから「打ち明けてもいいな」と思ってもらえるような雰囲気づくりをしたり、様々な授業を通じて多様性の意義を語りかけたりする

ことも大事でしょう。セクシュアリティをいろいろな子どもたちの一人一人の個性の一つの側面として温かく受け止めて、人権教育は子どもたちの暮らし全体を支える柱であるという理念で進めていただけると非常にありがたいと思います。

永野：私も中学、高校時代というのは 1970 年代になりますので、今とはずいぶん状況は違うかとは思います。私もいわゆる思春期の頃に、今思えば性的な関心は男性に向かっていたわけですが、なかなか自分自身が同性に性的魅力を感じているということに気づくことができませんでした。

私は中学、高校と男子校だったのですが、同級生たちが女性のヌード写真を見て喜んだりしている中で、「何でそんなものが面白いんだろう」と思っていました。でも自分は周りの同級生とは何か違うなと薄々感じるようにはなっていました。そしてある日、ある出来事があって、自分のそういう性のあり方と、「ホモ」と呼ばれる人たちの性のあり方は同じなんだということに否応なく気づきました。初めて、自分自身の性のあり方と「ホモ」という言葉が結びついたんですね。

当然私自身も「同性愛は変態だ」とか「異常だ」とかいう情報にさらされて生きているわけで、そういう偏見を私自身が内面化をしていますので、その「ホモ」と自分自身が結びついたときは「えっ、自分自身があの気持ち悪い変態の「ホモ」なのか」というふうに思いまして、それは本当に足元が崩れ去っていくような衝撃でしたね。

そういうふうに気づいたところで、じゃあ、どこに情報があるかといったら、当時は何の情報もありませんし、自分以外のゲイとどこで出会ったらいいのだろうということも全然わかりませんでしたし、そういった意味でも学生時代、中学、高校、大学というのは本当にもう孤立した状態でずっと過ごしていたということになるかと思います。

今は確かに当時に比べれば情報は出回っていますが、ただ基本的な、だんだん自分自身がセクシュアル・マイノリティであるということを自覚し、仲間を探していくというプロセスはたぶん今でも同じだと思うんです

ね。

　セクシュアル・マイノリティの場合に、例えば民族的なマイノリティや人種的なマイノリティと違うのは、基本的にはセクシュアル・マジョリティの家庭に生まれてくるということなんですね。あちらの家庭にぽつんと生まれ、こちらの家庭にぽつんと生まれと、そういうふうにして生まれてきますので、基本的に周りには自分以外のセクシュアル・マイノリティがどこにいるかわからないというところから必ず出発していると思います。

　そういった意味で、やはり孤立から出発するというのが非常にセクシュアル・マイノリティの大きな特徴だと思いますし、かつ、世の中にセクシュアル・マイノリティに対する偏見や間違った理解がある中では、自分自身がそういう偏見を内面化してしまっていますので、なかなか気がついても自分自身を受け入れることができないという過程を経るのは、今でも大きくは変わってないんじゃないかなと思います。

　また、仮に思春期の頃に気がついて、じゃあ仲間を探そうというときに、今は確かにインターネットという手段はありますが、ネットの情報は本当に玉石混淆ですので、必ずしも安全な出会いが保障されているとはまったく限らないと思います。

　実際にあまりいい出会いができなくて、そこで大人から性暴力を受けてしまったりだとか、あるいはドラッグ、薬物を使うようになってしまったりとか、恐喝をされたりだとか、そんなようなことも当然あります。親に何かの機会でばれてしまって、親に拒絶をされ、ホームレスになってしまうといったこともありますし、そういった意味で、そういう孤立から出発をして、自分以外のセクシュアル・マイノリティがどこにいるのかと探していくという過程は同じで、かつ、その過程が今だと学校教育の中でセクシュアル・マイノリティに関するきちんとした情報も与えられていませんし、安全な居場所というものがきちんと保障されているわけではないので、そうすると、出会いを求めていったときに、非常に大きなリスクが待

ち構えているんだという構造は、今でも残っているんだなと思います。

(7) メディアでの取扱いについて

──では、メディアでの取扱いについてお伺いしたいと思います。以前と比べると、メディアが LGBT を取り上げることも増えてきましたが、その取り上げ方には時には LGBT 市場は儲かるといったようなビジネス的な観点からだったり、あるいは、必ずしも正確な知識や理解に基づく内容ではなかったりすることがあります。また、テレビ番組などで LGBT を笑いの対象とする風潮がほぼ改まっていないと感じています。この点についてご意見をいただければと思います。

鳩貝：まず、ビジネスについてなんですけれども、今月初めの渋谷、世田谷のニュースを見ていても、「できました。当事者の喜びの声。社会でもこんなサービスが……」と会社が取り上げられますよね。本当にワンパターンの報道が目につきましたね。

　NHK で特定の企業のサービスばかり取り上げてよいのかと心配してしまうくらいパターン化しているなと思いました。ただ、個人的には、ビジネス的な観点で取り上げるということについては悪いとは思っていません。お金になるということで世の中に取り上げると、話題になることもあるし、注目をされるし、そして見えれば「存在していいんだ」ということが最終的に当事者のもとにも届くだろうと思うので、そこがあるならば悪くないと思います。

　基準としては、やはり揺れている子ども、あるいは成人でも揺れている人はいると思うので、そういう人たちが見てその状況をちゃんとポジティブに受け止められる報道であるならばいいなと願います。理想をいえば、ビジネスもあって、硬派な NHK の E テレのような一般的な啓発もあれば、さらにより弱者となる子どもであったりとか、たぶんマイノリティであったりとかいう側面なんかもしっかりと知らされるような、トータルな報道だったらいいなと感じています。

　また、報道ショーの意図に関して、視聴率狙いといいますか、「何でそ

の絵を切り取るんだ」とか、「何で BGM にそんな怪しげな音楽を流すのか」とか、やはり感じる場面はいまだにいっぱいありますね。だから、視聴率を上げるということだけを狙った扱い方では作り手の中の偏見や差別がそこに入ってきてしまいますので、もっと視聴者のニーズに合っているかということを強く問いたい場面はありますね。

　それから、人に関してもできるだけいろいろなパターンやタイプを取り上げていただきたい。例えばパレードでも、「目立つドラッグクイーンや非常に露出の高いマッチョなゲイだけを扱うのではなくて」というようなことはすごく思います。

　最後に、お笑いですらないレズビアンについてです。レズビアンはお笑いの対象にすらならないですね。だから、やはりレズビアン、バイセクシャルの女性とか、FtM の方とか、いまだ顕在化が足りない人たちもいるので、そういう部分についてやはりメディアの力というのは絶大だと思います。昨今では結婚式などで取り上げられる方たちが何組かいますが、そういう若い子たちが「いいな」とアイデンティファイできるような対象、あこがれて理想化できるような対象のイメージが具体的にやはり増えていってほしいと思います。

岩本：これまでサービスを受けたいけど受けられなかった人に対して、企業が不動産仲介や結婚式場などのサービスを提供することは、公平なビジネスですからプラスです。ただ、ウケ狙い、儲け狙いということが主眼になってしまうと、やはり当事者のほうから見ても非常に違和感を覚えますし、当事者からも非当事者からも共感を呼ぶことにはならないのではないでしょうか。しっかりとどういうポリシーでそういうことをやるのかが、これから問われてくるのではないかと思います。

　それから、テレビについてですが、今月、福生市で殺人事件が起きて、そのニュースの中で「殺されたのは性転換した男性です。」という報道が数社からなされました。性転換という言葉を使われている時点で、既に偏見がある、あるいは LGBT に関しての知識がないということでもありま

す。また、扱いとしてマジョリティの側から見た何か「キワモノ」「奇妙な人である」という視点が非常に強くて、非常に残念なところです。

あたかも別種の人間として動物園の檻の中にいる人を見るような視点での報道であることは非常に問題であると思っています。今日、太った人に対して「デブ」だとか、髪の毛の薄い人に対して「ハゲ」だとかは、さすがにマスコミでも言われないですよね。それはやはりそれぞれの人に対するリスペクトがあってのことでしょう。LGBTに関してもやはり他人に対してのそうしたリスペクト、つまり個人の特徴なり属性は違っても対等の人間であるという敬意を持って報道してほしいと強くお願いしたいと思います。

永野：今、鳩貝さんと岩本さんがおっしゃってくださったことで尽きていると思いますので、特に私からあまり付け加えることもないのですが、1点だけ。いわゆるビジネス的観点からLBGTを取り上げるときに、例えばゲイはファッションセンスが優れているとか、芸術的なセンスが優れているとか、そういう言い方で取り上げられることがあるんですね。それは一見するとポジティブなイメージで語られていますが、ゲイといってもファッションセンスのよい人も悪い人もいるので、実際、私のこのよれよれのスーツを見ていただければよくおわかりかと思いますが、特別に才能があるからだとか芸術的に優れているから、だからセクシュアル・マイノリティが認められるということではないんですね。

セクシュアル・マイノリティにもいろいろな人がいて、ただ、性的指向のゆえに差別されてはいけない、性自認のゆえに差別されてはいけないというだけの話であって、特別な才能があるから認めてくださいという話ではまったくないと思っております。

⑻　その他、普段の生活や活動の中で感じていること

——これまでにお話ししていただいたこと以外で、ご自身の日常生活やさまざまな活動をされている中で感じられていること、ご自身や周りの当事者の方々が

特に困っていること、社会に対して求めることなどについてお話をいただければと思います。

鳩貝：三つお話しします。「偽装の夫婦」というドラマが2015年に日本テレビ系列であって見ていたんですが、現実を表すと思いました。偽装結婚というあり方に関しては、やはりセクシュアル・マイノリティの存在や生き方を認めないこの社会、職場もそうですし、結婚を強いてくる家族といったものがあるから、当事者の若者が今でも事実とは異なる婚姻をしてカムフラージュをして生きるということが本当に身近にも起きてきています。

　偽装結婚や養子縁組を必要に迫られて行う人たちがいること自体を責めることではないです。でも、ただ一つの生き方、男女で結婚してツインになって子どもがいて、最近だと三世代みたいな、そういう固定した制度に人を当てはめようとするような動きに対しては、やはりゆがんだ事象が起きてしまうので、これは間違いだと思います。

　異性間も事実婚のカップルも別姓の問題もそうですね。ですから、LGBTとして手をつなぐときはつなぐし、また、時には女性たちとも手をつないでということで、社会の側が私たちの現実についてきてもらえるように働き掛けていきたいなと感じています。

　それから、二つ目は、レズビアンとバイセクシャル女性は、やはり目に見えないので、実態調査をしたいなと考えていまして、これはゲイやバイセクシャル男性だと、例えばHIVの問題があっても、セクシュアリティに関する調査がそこでできることでいろいろ知られるようになりましたよね。また、トランスジェンダーの人には特例法があったりということなのですが、やはりレズビアン、バイセクシャル女性やFtXのような微妙なゾーンに関しては、大規模な調査がなければ実態がよくわかりません。そこはしていかなくてはと強く感じます。

　最後に、これは当事者側に向けてなのですが、当事者が困るという力を奪われていて困れないということに私は困っています。怒っていいのに怒

れないという状況がやはり続いているのではないかと、活動する側の人は思っています。そして、そういうレズビアンやバイセクシャルの女性たちはたくさん全国にいるので、お互いに励まし合ってはいますけれども、やはり一般の当事者たちは何か慢性的なDV被害に遭っているのに「どうせ悪いのは私なの」と思ってしまいがちです。あるいは、私は慢性の肩凝りなのですが、肩が凝りすぎていると肩が凝っていることにすら気付きませんよね。何かそのような状況に追いやられている気がして、そこを何とかしたいということを感じています。

岩本：日本にいると、なかなかLGBTが見えず、声がなかなか上がってきません。だから、「いないんじゃないか」「何もしなくていいんじゃないか」と思われやすいのですね。でもそれは見えないからいないのでもないし、声を上げないからいないのではないのです。先ほどのNHKの調査で、「学校や職場で周囲の人にカミングアウトしていますか」と尋ねたところ、東京都では4割の人が、少なくとも誰かにはカミングアウトしています。でも地方では、その割合は4人に1人ぐらいで、かなり格差があります。

一方では、日本は歴史的に同性愛に寛容だったとか、あるいは異性の服装をしても室町時代では当たり前だったとか、そういう歴史的な例を挙げて、「全然問題ないんだ」と話をされる方もいますが、今、差別がないか、偏見がないかというと、それは「ノー」なんです。

当事者に関していうと、社会にそういう偏見や差別があるがゆえに、自分に対して自信を持つことが困難で、自分自身に対して偏見を持ってしまいがちです。それは非常に恐ろしいことですし、LGBTの中でも自分が属していると思うグループ以外の人に対して偏見を持ってしまったり、攻撃的になってしまったりという例もあって、そこは非常に残念な部分です。

社会に対して、いろいろな人がいて、どういう人も自分らしさを大切にしていけるということ、そういう柔らかい社会であるということは、社会

の変化に対して柔軟に対応できるということであり、むしろそれは力強い社会になると思うのです。

　それから、FtMとMtFでもかなり状況は違っています。FtMについては、近年では手術を受けて性別変更して戸籍上も結婚してという方がかなり増えてきて、ある程度キャリアを描くということもずいぶんやりやすくなっていますが、MtFの場合は、なかなか仕事やパートナーを見つけにくいこともあってずいぶん違います。

　それは社会の中でのジェンダーの問題、あるいはパートナー探しの問題の反映ですので、ジェンダーの問題の改善と歩調を合わせながらセクシュアリティについても社会での扱いを改善していくことが必要だと強く感じています。

永野：今、鳩貝さんや岩本さんのお話の中にも出てきたかと思いますが、例えば私は今、新宿男声合唱団というゲイの合唱団で若いゲイと接していますが、やはり若い世代でも自分の職場でカミングアウトをしているゲイというのはまだまだ少ないというのが現状です。

　例えばアメリカの世論調査で、同性婚を支持する人と、自分の身の回りにセクシュアル・マイノリティを具体的に知っている人との間には非常に密接な相関関係があるという調査があるんですね。そこでもわかるように、やはり具体的なセクシュアル・マイノリティの姿をごくごく日常的な職場だとか、学校だとか、身の回りに知っているということがセクシュアル・マイノリティの理解を進めるうえでは非常に重要なところなんだろうと思っています。

　ただ、だからといって、当事者に「カミングアウトしろよ」と迫ったところで、それは当事者の側だけにリスクを負わせるということになりますから、それはなかなか難しい話だろうと思うんですね。ですから、やはり必要なのは、カミングアウトをしやすい環境を作っていくことだと思います。そのために何が必要かと考えますと、やはり基本的には法律の整備、LGBT差別禁止法のような法律の整備をきちんとして、国や地方公共団

体がその責務として性的指向や性自認を理由とする差別を解消していく、あるいは性的指向や性自認を理由として困難を抱えている人たちの支援をしていくという法律をきちんと作って、例えば企業に対しては、こういう研修をしたらよいのではないかというガイドラインをきちんと作って、企業でセクシュアル・マイノリティに対する研修をきちんと行う。「我が社はセクシュアル・マイノリティにフレンドリーだ」というメッセージを企業の側が明示的に発信していくということが非常に重要で、そのことによってその企業で働く当事者が、この会社だったらカミングアウトして大丈夫だろうということでカミングアウトをし、カミングアウトをすることによってさらに周りの理解も進むという、そういう好循環が生み出されると思います。

　そういう意味で、やはり根本のところでLGBT差別禁止法の制定というのは、私は重要だと思っていて、それを起点としてカミングアウトと理解の好循環を作りだしていくことができるんじゃないかと考えています。

⑼　弁護士に求めること

──我々弁護士に何を求めるかということについて、鳩貝さんと岩本さんにお伺いしたいと思います。

鳩貝：まず一つ目は、法律事務所の受付にレインボーフラッグの置物を置いてほしいです。それから、人権教育にやはり力を入れていただきたいですね。これは単に学校教育現場でということではなくて、当事者の中に人権意識とか人権感覚みたいなものをはぐくむような活動にも手を貸していただきたいなと思います。

　それから最後に、セクシュアリティをオープンにして肯定的な相談ができたり、解決が図られたりという当事者の経験談をいっぱい増やしていきたいなと思いますので、ぜひ、東京であればすべての区に、若しくはターミナルステーションには必ずあるぐらいの勢いで、相談しやすい相談機関、法律事務所を作っていってください。

岩本：弁護士の方に対しては、法的問題が起きたときには救急車であり医師の役割を果たしていただきたいです。加えて、問題が起きる前でもアドバイザーであり、後見人であり、メディエーターであり、ファシリテーターの役割を果たしていただきたいですね。

　学校においては、子どもと学校側の間、あるいは親も交えた三者の間に立つ。それから職場では、労働者と雇用主・企業との間に立って、当事者同士ではやはりなかなかうまく話ができない、あるいは誤解していて非常にこじれるということがよくありますので、そういうときに第三者的視点に立って、どういうふうに解決したらよいのか、法律的な観点から定期的にアドバイスいただくということが非常に大事なことだろうと思います。

　先ほど救急車や医師の役を果たしていただきたいとお話ししました。歯医者さんの例でいうと、かつては虫歯になったら歯医者さんに行くということでしたね。でも歯医者さんが増えた今は、予防やケアに力を入れています。それと同じことが弁護士にもこれから求められるのではないでしょうか。ですから、自治体にもLGBTの実情と抱える課題に通じた顧問の弁護士がいてほしいし、労働組合にとっても企業にとってもそれぞれLGBTの知識を持った弁護士がすぐ対応できるようにいていただけると、当事者にとっても、学校にとっても、企業にとっても、自治体にとっても問題化しないうちに、仮に問題となっても大きく混乱しないうちにスムーズによい形で解決が図れるようになるのではないかと思います。

　残念ながら今までのところ、やはり弁護士は敷居が高いように感じられます。私も弁護士の方と関わったのは、親の相続のときわずかにあっただけでした。LGBTの活動に関わるようになって永野さんやいろいろな方とお知り合いになって、フランクにいろいろな話ができるようになり、ずいぶん目からウロコの部分がありました。

　ですから、「そこにコンビニがあるよ」、あるいは「お寺や教会があるよ」ぐらいの感じで弁護士が身近にいていただけると、一人で悩みを抱え込まずに気軽に相談に行きやすくていいなと思います。

⑽　弁護士として気をつけていること

――永野さんは、弁護士としてこれまで多くのLGBT当事者の事件に携わられてきたと思いますが、その際にどのような点に特に気をつけていらっしゃるか教えていただければと思います。

永野：自分自身がゲイだからといって、ゲイも含めてセクシュアル・マイノリティのことが当然すべてわかっているわけではまったくないのですね。ですから、これは弁護士であればどんなご依頼者、ご相談者と話をするときにも誰もが心掛けていることだとは思うのですが、思い込まないでちゃんとその方の話を聴くということはしなくてはいけないと思っています。

　それから、この『LIBRA』を読んでいらっしゃる弁護士の皆さんにぜひ実践していただきたいのは、どの法律事務所にでもおそらくセクシュアル・マイノリティはいる可能性があるということなんですね。弁護士の中にもいるかもしれないし、事務員さんの中にもいるかもしれない。ですから、例えば事務所の中で、ホモネタで笑うなどというのはもちろん論外ですし、やめていただきたいです。また、「彼女はいるの？」「彼氏がいるの？」と聞くのではなくて「恋人はいるの？」という聞き方をするだけでも、この事務所は「セクシュアル・マイノリティがもしかしたらいるかもしれないな」と意識しているということを、セクシュアル・マイノリティの側は察しますので、そうすれば、「このボスになら話してもいいな」と思ってくれるんじゃないかなと思います。そして、弁護士会としても、新人研修や倫理研修の際に、セクハラ研修と同様にセクシュアル・マイノリティに関する研修もぜひ行っていただきたいと思います。

2　LGBTの先駆的訴訟「府中青年の家事件」
　　弁護団長・中川重徳弁護士インタビュー

　中川弁護士は、日本で初めて同性愛者の人権が正面から争われた裁判である「府中青年の家事件」（第一審：東京地判平成6年3月30日判タ859号163頁、控訴審：東京高判平成9年9月16日判タ986号206頁）の原告ら弁護団長であり、事件後もセクシュアル・マイノリティの人権問題に携わっておられ、現在は、いわゆるパートナーシップ証明の制度が施行されたばかりの渋谷区において、男女平等・多様性社会推進会議の委員としても活躍されています。セクシュアル・マイノリティに対する法的サポートの先駆者である中川弁護士に、お話を伺いました。

中川重徳弁護士

> ※府中青年の家事件：同性愛者相互のネットワークづくり等を目的として活動していた「動くゲイとレズビアンの会」（通称：アカー）という団体が、1990年2月に東京都府中青年の家で勉強会合宿を行ったところ、他の利用者から、同性愛者の団体であることを理由にいやがらせを受けた。アカーは青年の家側に対応を求める一方、同年5月にも再度宿泊使用をしたいと申し込んだが、同年4月、東京都教育委員会は、同性愛者による青年の家の宿泊使用は、都青年の家条例8条1号にいう「秩序をみだすおそれがあると認めたとき」等に該当するとし、アカーの宿泊使用申込を不承認とする処分を下した。同処分の具体的理由として、東京都は「青年の家ではいかなる場合でも男女が同室で宿泊することを認めていないが、同性愛者の場合は同性間で性的関心が生じるのだから、異性愛者の場合と同様、複数の同性愛者が同室に宿泊することを認めるわけにはいかない」等と説明した。これに対し、アカー側が同処分は憲法21条、26条等に違反するとして国家賠償請求訴訟を提起したところ、第一審判決、控訴審判決とも、東京都による不承認処分の違法性を認めた。

――「府中青年の家事件」は憲法判例百選にも掲載されている著名な判例ですが、受任のきっかけは。

中川：きっかけは、中学、高校、大学と一緒だった同級生が、1990年の2

月に嫌がらせ事件が起きたアカーの合宿にメンバーとして参加していて、アカーが青年の家側と交渉している最中の1990年4月7日に、彼から「大変なことが起きている。」と相談の電話をもらったことです。それで話を聞いて、もうこれは弁護士としてはやるしかない、という気持ちでした。

――受任された当初は、事件についてどのような見通しをお持ちでしたか。

中川：法律の条文を調べて、青年の家というのは地方自治法上の公の施設だから、理屈の上では、利用者に対して差別的な取扱いをしちゃいけないし、正当な理由がないと利用を拒絶できない（同法244条）。それなら、アカーの活動や同性愛について正しい情報を伝えて、青年の家側が言っていることは偏見以外のなにものでもないと指摘すれば、さすがに教育委員会は拒絶できないだろうと僕は思ったんです。それで、相談を受けてすぐにメンバーと会議をしたときには、私は「法律的には絶対勝てますから、理屈の分からない現場の人じゃなくて、ちゃんと教育委員会の中で議論させれば、『これはまずいよ』ということになって、青年の家側の判断は覆りますよ。」と話しました。役所の中でたらい回しにされたり、いい加減な処理をされては困るから、請願法に基づく請願書の形式にして、手続的にも万全を期して申入れに行けば、絶対大丈夫だと本当に思っていましたし、メンバーにもそう話していました。メンバーとは何度もミーティングをして、団体としてのアカーの規約や、東京都と協力してHIVの啓発活動をしていることなどの資料も用意して、アカーの合宿ではこういうまじめなことをやっているんだと説明できる資料を用意しました。

――府中青年の家で行われていたアカーの合宿は、具体的にはどのようなものだったんですか。

中川：日本には同性間の性的行為を処罰する法律こそありませんが、逆に徹底的に存在を否定されていて、もしそういう人がいるならそれは性的な「変態」であり嘲笑の対象だと思われています。府中事件があった1990年代には、文部省（当時）の指導書「生徒の問題行動に関する基礎資料」

という指導書にも「性非行」とされているし、広辞苑にも「異常性欲」と書いてありました。テレビには、毎日これでもかというぐらい「ホモネタ」「レズネタ」があふれ、日本中の子どもたちがそういう意識でいるわけです。そういう中で、自分が同性愛者ではないかと気づき始めた人たち（多くが10代です）は、誰にも相談できないまま孤立して悩む、性的マイノリティの集まる盛り場等でつながりができても、昼間の学校や職場では、自分の性的指向を隠して生きてゆくという状況が続いていたと思います。

　1980年代の後半の「エイズパニック」の時には、「薬害」によるエイズ発症者のことは伏せた状態で、男性同性愛者を国内第一号患者として発表し、それが余計に同性愛に対する偏見を強めたということもあります。

　アカーのメンバーは、「このままでは自分たちは社会的に窒息させられてしまう」と考えてエイズ予防法をめぐるテレビの討論番組に出演したりしたのですが、社会にアピールする活動と同時に、若い同性愛者が孤立していて正確な情報もないし、自分と同じ立場のゲイやレズビアンと知り合ったり話をするチャンスもないということに対して、スポーツをしたり勉強会を通じて、安心して自分のことや自分の体験を語りあったり、海外の取組みや、日本でも他にこういうことをやっている人がいるということを勉強して、社会をこういうふうに変えていきたいと話し合ったりした。そこでみんなほっとして、本当に初めて自分のことを他人に話して、みんなに聞いてもらって、涙あり笑いあり、解放されてのびのびと居心地のいい時間を過ごす、それがアカーの合宿だったんです。

　だから、教育委員会に対して、同性愛についての正しい情報を提供して偏見を正すとともに、アカーというのはこういうまじめなことをやっている団体なんだと説明すれば、教育委員会がアカーを拒絶できるはずはないと私は思っていました。

——請願書を提出された後の教育委員会の反応はどうだったんですか。

中川：1990年4月26日に教育委員会の定例会議があって、そこで議事に

かけるということになったので当日行ったら、15分だけ僕らに陳述させると言われました。今考えると、その陳述はアカーのメンバーにやってもらうべきだったのですが、僕が請願書の内容を話しました。話し終わったら、突然「秘密会にします」と言われて議事を非公開にされてしまって、1時間くらい待っていたら、不承認処分になったという結論を伝えられました。

　僕は、正しいことを伝えれば偏見なんか論破できる、まさか教育委員会が偏見を容認するような判断はしないだろうと思っていたけど、その見通しが甘かったことを思い知らされて、すごくショックを受けました。でも、アカーの連中は、「いや、中川さん、世の中はこんなものです。」と言っている。

　不承認処分が出た後ですぐ都庁に行って、決定文と理由が書かれた書面をもらって。そこで初めて「男女別室ルール」というのが出てきたんですけど、それに対してこっちも抗議声明を書いて持って行こうということになったので、当時都庁の近くにあった宇都宮健児さん（元日弁連会長）の事務所を借りて、アカーのメンバーが手書きで声明を書きました。それをすぐ都庁に持って行って出したんですけど、そのときアカーのリーダーが、応対した東京都の部長に対して「あんたたち、覚えていなさい。絶対にこのままじゃ済まさないから。」と言ってにらみつけた。当時20歳くらいです。弁護士の自分は、正しいことを言えば通るという単純な思い込みに反する結果になって意気消沈しているんだけど、この人たちはもう腹の座り方が違う、そういう覚悟でやっているんだなということを思い知らされました。忘れられない出来事ですね。

――報道機関に取り上げられることはありましたか。

中川：報道も今とはもう全然違うから、不承認処分が出たときに一般紙にちょっと載ったくらいです。処分の前後には、みんなで事件を知らせるチラシを作って都庁の前で撒いたりしたんですけど、そうしたらスポーツ新聞が取材に来て、「ホモの大逆襲」とか何とかいう見出しを付けて面白お

かしく掲載したこともありました。当時はそれが当たり前みたいな感覚で、ちょっと面白いニュースのひとつみたいな扱いだったんです。

──訴訟提起は不承認処分の約10か月後である1991年の2月ですが、10か月間、どんな検討、準備をされたのでしょうか。

中川：弁護士としては、もう裁判しかないという考えでしたが、アカー側からは「ちょっと待ってください。僕らもよく話し合いますから。」と言われました。当時、一緒に教育委員会に行ったりしていた活動的なメンバーは20人くらいいたんですけど、そのメンバーたちの中で、それぞれが親との関係とか、裁判をやることで自分たちの生活はどうなっちゃうんだろうとか、いろいろな悩みを抱えながら丁寧に話し合いをして、裁判をやる方針が決まったのは1990年6月でした。

それからは、東京都のいう男女別室ルールについて裁判官をどう説得するか、弁護士とアカーのメンバーで何度も何度も話し合いました。この点について、裁判官が「なるほど、そうか」と思うくらいの反論を訴状に書いておかないと、ちょっと勝てないだろうなと思ったんです。

不承認処分の前に僕らが出した請願書の中では、「性的な意識の方向性が違うだけで、異性愛者、同性愛者と言っても別に人として変わりはないんです」、「異常じゃないんです」というようなことを一生懸命書いたんですけど、東京都もそれを読んで、「同性愛は異常だ」と言うのはさすがにまずいと考えたんでしょうね。僕らの主張を逆手にとって、「同性愛者というのは同性同士で性的意識が向き合うんですね、じゃあ男女と同じで同室はダメですね」という論理を考え出していた。この論理には裁判官もやっぱりうなっちゃうだろうと。絶対おかしいとは思うけど、本当に論破できるかというとなかなか手ごわいなということで、どう訴状に書くべきか大いに悩みました。当時はアカーの代理人は僕と森野（嘉郎）弁護士の2人だったんですけど、森野弁護士もアカーのメンバーたちも、みんなで一生懸命考えました。そこで時間がかかったんですよね。当時は、性的指向を理由とする差別的扱いについて参考文献を探しても外国のことを紹介

したものしかなくて、直接日本の裁判所で役に立ちそうなものはなかなかなかったんです。

　でも、その議論は本当に面白かった。最初は、僕やいっしょに担当した森野嘉郎弁護士は、法律家の視点で、男女のルールを同性愛者に類推適用するというなら、まず出発点の男性と女性を分けるというルールを叩くのがいいんじゃないかと考えて、そもそも何でトイレや風呂は男女別なのか、男女を分けるというのも絶対ではないだろうとか、そんな反論を一生懸命考えていた。今は、トランスジェンダーの人のトイレの問題が取り上げられることもあるし、それはそれで考える意味があることだったとは思うんだけど、そのとき、男女別のトイレの歴史みたいなことを調べてミーティングに持って行ったら、アカーのメンバーが批判するわけです。「僕らは、おそらく日本で初めて、同性愛者の人権を真正面から問う裁判をやろうとしているんです。その裁判で、何で異性愛者のトイレの話を延々しないといけないのか。何か違うんじゃないか。」と言われ、なるほどそうだと思って、また振出しに戻って議論して。

　1990年の10月頃かな。男女のルールがいい悪いではなくて、複数の同性愛者が青年の家で同室に泊まるとどういう不都合があるのか、その不都合と青年の家を利用する権利の重要性と、きちんとそれを比較衡量すべきじゃないかと。その不都合の大きさとか蓋然性というのが、利用権を否定しないといけないほどのものなのか、そこを問わなきゃいけないというところにようやくたどりつきました。

　男女別室ルールというのは性行為の可能性に着目して部屋を分けるというルールなんだけど、ヘテロセクシュアルの場合は、男女別々で宿泊することにすれば、性行為の可能性と利用権との衝突は出てこずに両立する。だけど同性愛者の場合は、一緒の部屋になって性行為をされたら困るという性行為の可能性だけを強調して別室にすれば施設利用権が否定されてしまう。そこに異性愛者とは大きな利益状況の違いがあるのに、性意識が向き合うのは同じと言って同性愛者の問題を異性愛男女の扱いに置き換え

ちゃうと、それがいかにも当たり前のように見えてしまう。それは違う、男女別室ルールは本来行うべき比較衡量を回避する煙幕なんだと、そんな議論をして、それで訴状を書いたんです。

―― 1994年の東京地裁判決で勝訴した要因は、どんなことにあったとお考えですか。

中川：勝った要因は三つあると思います。まず、訴訟を準備する段階で男女別室ルールのからくりを解明しておいたおかげで、訴訟提起のときには、同性愛者の利用による不都合がどの程度のもので、より制限的でない解決があるのかないのか、それを東京都の方できちんと主張すべきだという問題意識が固まっていた。何度もこちらから求釈明を出して、裁判所も東京都に対して、具体的な不都合について主張・立証しなさいよと書面で求釈明を出してくれたんですね。東京都は訴訟になっても男女別室ルールしか考えてないから、それじゃ理由にならないと言われて、「同性愛者が同じ部屋に泊まっていると、性行為をするかどうかは分からないけど、するんじゃないかと子どもが想像して大変なことになる」とか、何だか訳の分からないことしか結局言えなくなって。そこがまず一つ。

それから、アカーのメンバー3名が個人としても原告になって、意見陳述や本人尋問で、積極的に自分たちの姿を見せながら、同性愛に気づいた時の孤立や、学校や職場での生きづらさについて語っていった。裁判官

裁判を知らせる当時のチラシ

も、そういう話を聞くのは初めてだったんじゃないでしょうか。性的少数者がどこにでもいるんだということや社会的な差別の現実を、裁判官に実感として分かってもらうことに徹底してこだわりました。傍聴席にも、たくさんの当事者が本当に全国から来てくれました。当時はまだインターネットはないんだけど、雑誌とか口コミとかで広まって、「今日はアカーの裁判があると知って、何としても行きたいと思って、昨日の夜四国から来ました。」なんていう人がいて、報告集会でスピーチをしてくれたり。若い人たちだけじゃなく、中高年の人も含めて多くの当事者のまなざしが裁判官に伝わったというのはすごくあったと思うんですよね。

　もう一つは尋問です。東京都の担当者への尋問では、彼らが同性愛のことをろくに調べもせずそれこそ机の上にある「イミダス」とかを見たくらいで、お粗末な対応だったことを追及した。それから、こちらの証人になってくれたトム・アミアーノさん（当時のアメリカ・サンフランシスコの教育委員長）の尋問も、非常に大きかったですね。向こうは教育委員は公選ですから、彼は選挙で選ばれて、ゲイであることをオープンにして教育委員長をやった人でした。サンフランシスコでは、LGBTの青少年の問題を非常に大事に考えていて、学校で人権侵害が起きないように、市としても教育委員会としてもいろいろな取組みをしていた。そのことと対比して、東京都教育委員会が同性愛者を排除するのはおかしいということを浮き彫りにしようと僕らは考えました。さらに、トムは、「アメリカでも、教育の場で性的なことを行うことに対してはとても厳しく対処する」と言いながら、こんな話をしてくれた。男の子と女の子が一緒にキャンプに行くとき、同じテントに泊まるんだけど、ルールを破ったら帰らなきゃいけないということを伝えておいて、実際にルールを破っちゃうことがあったら、子どもに対してペナルティーを与える場合もあると。だけど、東京都のように、最初から「お前たちを一緒にしたらセックスをするかもしれないから一緒にしない」なんて、それは教育じゃないと。性的行為がだめというなら、ペナルティーをちゃんと伝えたうえで、ルールを守らせる機会

を与える、それが教育だと。同じ部屋に泊まったら性行為をすると決めつけて、だから複数の同性愛者は一緒に泊まれないというやり方は教育的とは到底思えないと証言してくれたんです。その考え方はとても教育者らしい発想で、それがすごく良かったですね。裁判官もうなずいて聞いていました。

――トム・アミアーノさんとは、どのように知り合ったんでしょうか。

中川：アカーのメンバーを含め、当時活動していた若い人たちがリサーチ・ツアーで海外にも行っていたんです。そうするとやっぱり同じ LGBT の当事者だということで絆ができて、海外にもアカーのメンバーのことを気にかけてくれる学者やソーシャルワーカー、コミュニティ活動家の人がいて、そういう人たちとつながりながら、日本で何をするべきかを彼らは考えていました。そして、1992 年はサンフランシスコの活動を見に行ったのですが、裁判が始まっていたので、誰か証人になってくれる人を探すという意味もあって、アカーのメンバーが先に行って、トムと出会ったんです。アカーのメンバーは、トムのような人が活躍していることにとても感銘をうけて帰って来た。それで、トムを証人に呼べないかという話になりました。もちろん、裁判にとって意味があるかどうかをしっかり議論する必要があり、私も、あらためてサンフランシスコへ打合せに行きました。今だったら Skype でしょうけど、その当時は、国際電話で話すのももう大変な時代でした。

――**1997 年の控訴審でも勝訴判決を得られました。**

中川：第一審でも証拠を出していたんですが、当時全国に 300 くらいあった青年の家の多くが、利用者の減少を食い止めるために家族同室での宿泊を認めていて、複数家族での宿泊もできるようになっているところもあった。部屋割りなんて自由で。控訴審ではさらに、自分たちで泊まりに行っちゃえとか言って、異性愛の男女、同性愛者の男女、いろいろな組み合わせにして宿泊しに行って、写真や領収書を提出したりしました。それから、文部省の「生徒の問題行動に関する基礎資料」で同性愛が性非行と位

置付けられていたり、「イミダス」なんかの同性愛に関する差別的な記述も、DSM（アメリカ精神医学会による精神障害診断の手引き。1973年のDSM-Ⅱ第7版より、診断名から「同性愛」が削除された）やICD（WHO（世界保健機関）による国際疾病分類。1990年のICD-10採択時に「同性愛はいかなる意味でも治療の対象とはならない」旨明記された。）ではこうなっているぞというのを突きつけていって、裁判をやりながら変えていった。一つ崩れると、どんどん変わってゆくというのも面白かったですね。

――この事件について、弁護士を始め、法律家とはどのような関わりを持っておられたのでしょうか。

中川：さっき話したアメリカへのリサーチ・ツアーで、やっぱり弁護士だから向こうの弁護士に会いたいと思って、マット・コールズという、当時西海岸地域でセクシュアル・マイノリティの人権問題に中心的に取り組んで

控訴審のパンフレット

いた弁護士（後のアメリカ自由人権協会（ACLU）レズビアン＆ゲイ人権プロジェクトリーダー）に会ったんです。それで僕が、「東京都はこんな馬鹿げた主張をしていて、でも日本の裁判所はすごく慎重だから、裁判官をどう説得するかにかかっていて、まだどうなるか分からないんだ。」とこの裁判の話をしたら、彼も「こういう例がある」とか「こういう専門家がいる」といろいろ紹介してくれた。そして最後に彼から、「この裁判は、10年前、20年前に俺たちがやっていたのとまったく同じだ。お前は、アメリカはいっぱい裁判が起こされていてすごいと思っているだろうけど、そのアメリカだってまだソドミー法はあるし、たくさん問題がある。最初は、本当にこれは黙っていられないという人が裁判を起こして、それに法律家が応えて、でも負けて、負けて、負けて、負けて、そして初めて勝って、それからいろいろなところで勝つようになって、大きな流れができて、今がある。日本でも絶対に、今やっていることが将来大きな流れになる。だからがんばれ。」と言って励まされた。そのことが忘れられません。やっぱり、法律家というのはこういうところでつながれるんだというかね。アカーのメンバーたちもこういうつながりなんだろうなというのが、僕も想像できた。そういう人と人とのつながりっていうのは、すごいよね。

　日本でも、弁護士の角田由紀子さんが「ぜひやるべきだ。」と励ましてくれた。当時は弁護士の中でも、「青年の家って教育施設だろう。裁量が大きいから、不承認にしても違法とは言えないんじゃないか。」という意見もあって、がっくりきたこともありました。もちろん、みんながそうじゃなくて、応援してくれる人もいたんだけど。当時は、セクシュアル・マイノリティの問題が日本の社会の問題なんだという意識を持っていた人は、弁護士でもやっぱり多くはなかった。研究者でも、よその国のことを紹介するだけじゃなく、日本の問題だという意識を持って論文を書いていたのは、僕の読んだ限りでは、当時は二宮周平さん（現立命館大学教授）と棚村政行さん（現早稲田大学教授）だけでした。角田さん、二宮さん、

棚村さんの3人が、この裁判を一生懸命応援してくれた。日本でも、法律家というのはこうしてつながれるんだということがうれしかったです。

──中川さんは、この訴訟を経て、どのようなものを得たと考えておられますか。

中川：一言では説明できないんですけど、一つには、性の問題を真正面から考える機会を与えられたというのは、すごく得をしたと思っています。アカーの事件で、なかなか訴状の筆が進まないときに、メンバーたちも不安がって、「本当にこの弁護士たちを信用できるのか」と議論したらしいんですよ。それで、メンバーとの合宿を提案してきて、そこで、中川さんのセクシュアリティについて話してくださいと言われて。そう言われても性のことはエッチな話しかしたことないから困ってしまって、まあ、自分の性的な体験のあれこれとかをなんとか話をした。そうすると、彼らが、「じゃあ、中川さんは男性に対して性的な魅力を感じたことはないんですか、本当にないですか」と聞かれて。僕は、男性に対して「この人はすてきな人だな」「セクシーだな」と思うことはあるんですけど、それ以上というのはない。だから当時もそういうことを言ったと思うんですけど、ただ、ヘテロの、特に男性というのは普通そういうことをわざわざ考えないし、考える必要もない。だけど、アカーのメンバーたちは、「自分の恋愛対象は、本当に同性じゃないとだめなんだろうか。」とか、「将来変わるんじゃないか。」とか、そういう悩みを多かれ少なかれ経験している。そういう意味で、異性愛者の自分は自分の性について突き詰めて考えたこともないし、その必要もなかった。置かれている立場によって、そこから強いられているものは全然違うんだなということに気付かされた。それでいろいろ本を読んだり、性教育を一生懸命やっている先生たちと出会って勉強しました。

　そのつながりで、2003年に性教育バッシングの一環で起こった七生養護学校の事件（知的障害を持った子どもたちのために教職員と保護者が共同で開発した性教育プログラムを当時の石原慎太郎都知事や一部の都議会議員が問題視し、都教育委員会が当時の校長や教員らを処分した事件。第

一審（東京地裁）、控訴審（東京高裁）ともに、都教育委員会と都議らの介入や処分等が違法であるとして損害賠償を命じる判決を言い渡し、2013年に上告が棄却されて控訴審判決が確定した。）でも原告らの代理人を務めました。自分自身の子育ての中でも、子どもと性に関することをかなりフランクに話せる関係を持てたし、性的なことを話すというのはすごく大事なことなんだというのを教えてもらって、それがとても良かったなと思いますね。

——中川さんは、この訴訟の後も継続的にセクシュアル・マイノリティの問題に携わられていますね。

中川：この訴訟でつながりができて、1994年ぐらい以降、同性カップルの共同生活についての契約書や遺言を公正証書で作成したり、カップル同士のトラブルとか、いろんな相談を受けました。

　あとは、2000年に新木場公園でゲイの男性が殺されるという事件があったんですが（同年2月、江東区新木場の都立夢の島緑道公園内で、ゲイの男性が顔などを殴られて殺害された事件。逮捕された少年グループは、「ホモは警察に届けないから、小遣い欲しさにホモ狩りをしていた」等と供述した）、亡くなった方以外にも重傷を負った被害者がいて、その方の代理人として損害賠償請求をしたり、少年院の教官とお会いして、加害者の少年たちに被害者の言葉を伝えてもらったりということもありました。

——中川さんのモチベーションは、どのようなところから来ているのでしょうか。

中川：モチベーションということでいうなら、いっしょに担当した森野嘉郎弁護士も伊東大祐弁護士もみな実務経験は浅かった。そういう弁護士になりたての頃に、アカーの事件に出会ったということを、ぼくは本当に感謝しています。当時10代、20代のアカーのメンバーが、自分たちの未来を自分たちで切り拓こう、そのために社会を変えていこうと頑張っていた。そういう人たちと弁護士3人がっぷりよつに組んで一緒に仕事ができるとどれほど楽しいかを体験できました。あるアカーのメンバーが、い

よいよ裁判を提訴するという日に、「今日裁判を起こしたニュースがNHKで流れれば、地方で孤立している同性愛者も見ますよね、これがやりたかったんですよ」と言っていた。「あなたと同じ同性愛者がここにいる、あなたは一人じゃないよ」というのを全国津々浦々に知らせたいと。そういう気持ちでやっている人たちと、弁護士になりたての数年間を頑張ったというのは、本当に幸せな体験をしたなと思う。

　弁護士の仕事をしていると、うまくいかないことや失敗もあります。そういうとき、自分はあの裁判をやったじゃないか、勝ったとか何とかということを越えて、あの裁判を頑張ったじゃないかということを思います。そういう意味では何か自信というとあれですけど、弁護士として生きてゆくうえでの力にもなっていると思います。

——2015年11月、同性カップルのパートナーシップ証明制度が東京都渋谷区と世田谷区で始まりました。このことに関しては、どのように評価をされていますか。

中川：やっぱり画期的なことで、行政が、わたしたちの社会には同性カップルがいて、困難を抱えているんだということを理解して、それに取り組むんだということを公にしたという意味で、非常に大きな一歩だと思います。現時点では婚姻にくっついているような法的メリットのパッケージはないけれども、2人の関係を社会的に祝福する、承認するという、すべての人が「個人として尊重される」という憲法13条につながる意味があるわけです。あのカップルが、私の友達のあの2人がというふうに、社会的に見える存在がだんだん増えていけば、それによって人々の意識も変わり、さらに制度も充実し、同性婚の実現にもつながる。だから、自治体の取組みがカップルの問題に限らずこれからどんどん広がっていけばいいなと思っています。

——そうですね。これをきっかけに、誰もが利用しやすい制度、誰もが生きやすい社会が実現するよう、弁護士としても積極的に活動していきたいと思います。お忙しい中、貴重なお話をありがとうございました。

> **コラム**　身の回りからホモネタ・レズネタをなくそう！

　セクシュアル・マイノリティを笑いのネタにする、侮辱する、嫌悪するといった、いわゆる「ホモネタ・レズネタ」に、誰もが触れたことがあるのではないでしょうか。

　例えば、「あの人、なよなよしていてホモ（オカマ）みたい。」「あの人、結婚していないし、恋愛の話も聞かないし、女らしいタイプでもないし、もしかしてレズなんじゃない？」「あの人アッチ（同性愛を指す）の趣味あるみたいよ。」「（男性が）男同士の恋愛は気持ち悪いけど、女同士の恋愛は興味あるなぁ〜。」「同性に恋愛対象の目で見られたら気持ち悪い〜。」など。

　セクシュアル・マイノリティの人たちは、自分がセクシュアル・マイノリティだと気づかれたくないと思えば、その場に合わせて一緒に笑うしかありません。しかし、自分で自分を笑うということがどれほど残酷なことか、少し想像すれば簡単にわかることです。人の特徴や属性を理由に嘲笑うことは、人の尊厳を深く傷つけるものであり、ヘイトスピーチにもつながりかねません。「ホモネタ・レズネタ」は、人として絶対に許されないという意識を持つ必要があります。

　自分の友達、職場、学校など身の回りで「ホモネタ・レズネタ」の禁止を、勇気をもって宣言してみてください。はじめのうちは、「大げさだ」「取るに足りない」「くだらない」等として、賛同しない人がいるかもしれません。しかし、「ホモネタ・レズネタ」が出た際にその都度注意喚起をし続ければ、いつか必

ず、それが当たり前になっていくはずです。そうして、自分の身の回りから少しずつでも、セクシュアル・マイノリティが安心して過ごせる場所を広めていけたらよいですね。

コラム　セクシュアル・マイノリティの問題について相談されたとき

　セクシュアル・マイノリティに関わる問題だからといって、特殊な法的知識や経験が必要なわけではありません。性的指向や性自認などセクシュアリティに関する最低限の知識は、書籍やインターネットから得ることができます。

　ただ、社会では長い間、「人はすべて異性を好きになるものであって、また、体の性別に違和感はない」という考えが前提とされてきたため、それに当てはまらないセクシュアル・マイノリティの人は、差別や嘲笑にさらされて大きな生きづらさを抱えているという現実を十分に認識しておく必要があります。

　そのような背景を踏まえつつ、一人一人が置かれている状況が異なることも念頭に置いて、相談者の話をまずはじっくり聴くということが非常に大切です。

　相談者は、自分で自分を「おかしい」「普通じゃない」などと否定的に表現するかもしれません。そのような場合、「そんなことはないですよ」「残念なことに社会にはまだ偏見は残っていますが、あなたの性的指向や性自認は何もおかしくはないんですよ」といった肯定的な言葉をさりげなくかけてください。それを聞いて相談者は安心し、だんだんと心を開いてくれるでしょう。

第5章

付　録

1　法律相談ロールプレイング

　あなたは、間違った弁護活動をしていませんか。誤解や偏見で、知らず知らず相手を傷付けているかもしれません。これは東京弁護士会の研修で使われている、実際にあった弁護士の言動をもとにしたロールプレイングです。「ダメ弁護士」にならないようにしましょう。

> 　被疑者国選で、覚せい剤取締法違反の被疑者Aさん（男性、会社員、23歳）と接見。
> 　被疑事実は、東京都某所で覚せい剤を使用したというもの。その場にいた、別の男性Bさん（会社員、27歳）も覚せい剤を所持していたうえ使用したとして、すでに逮捕されている。

【ダメ弁護士の接見】

弁護士「なぜ、本件が発覚したのですか。」

被疑者「覚せい剤を打ってから、しばらくして気分が悪くなり、救急車を呼びました。病院で、正直に覚せい剤を打ったことを話しました。」

弁護士「これまで、逮捕されたこと、前科などはありますか。」

被疑者「今まで、全くありません。」

弁護士「覚せい剤は、これまでも使用したことはありますか。今回が初めてですか。」

被疑者「初めてです。」

弁護士「じゃあなぜ、真面目に生きてきたあなたが、覚せい剤を打ったのですか。」

被疑者「……一緒に覚せい剤を打とうと、Bさんに勧められたので、興味本位で……」

弁護士「Bさんは、どういった関係の人ですか。友だちですか。」

被疑者「……ハッテン場で知り合ったばかりで、よく知りません。覚せい剤で捕まった日に、ハッテン場で初めて会いました。」

1 法律相談ロールプレイング 263

弁護士「ハッテン場？　勾留状によると、覚せい剤を使用した場所は都内某所のサウナがあるビルの休憩所だったのではないですか。ハッテン場って、何ですか。」
被疑者「ええと、その、男性同士の出会いの場と言いますか……」
弁護士「もしかして、あなた、ホモ[1]ですか。男性同士の出会いの場で、Bさんと覚せい剤を打ったということは、覚せい剤を性交渉のために使ったということなのですか。」

 [1] 「ホモ」「オカマ」「レズ」は差別的なニュアンスがあるので使うべきではない。

被疑者「詳しく話さないといけないんでしょうか。」
弁護士「大丈夫です、私には守秘義務がありますから話してください。オネエタレントが出ているTVをよく見ているので、私はホモとかオカマといった、性同一性障害者に抵抗や偏見はありませんよ[2]。ただ、覚せい剤使用の原因となるなら、性同一性障害を治さないといけませんね。」

 [2] 同性愛者とトランスジェンダーを混同している。

被疑者「いや、私は女性になりたいわけではなくて、男性が好きなだけなんですが……」
弁護士「え？　でも男性が好きってことは、心が女性ってことですよね[2]？」
被疑者「いや、そうではなくて、私は自分が男性であることには何の違和感もなく、単に恋愛対象が男性であるということなんですけど……。」
弁護士「うーん、私にはちょっとホモとオカマ[1,2]の区別がつかないんですよね。とりあえず、事件の話に戻りましょうか。」
被疑者「あ、先生にはわからないですか……。覚せい剤ですが、確かに、性交渉の際にBさんに勧められました。しかし、自分は家族や職場の人に、男性が好きだということは言っていないんです。特に、親には今回の事件は知られたくないんです。取調べや、裁判では、正直に男性が好きだから、ハッテン場に行って、そこでBさんに勧められて、覚せい剤を打っ

たって、言わないといけないんですか。警察で生い立ちやこれまでの経歴を聞かれたら、子どものころから女性に興味がないことや、これまで交際した男性のことまで、全部、話さないといけないんでしょうか。そんなことが書かれた供述調書が、裁判で裁判官に読まれてしまうと考えると、ぞっとします。」

弁護士「落ち着いてください。あなたには黙秘権があり、言いたくないことは言わなくていいので、取調べで男性が好きだってことは言わなくてもいいですが、今回の件と関係あることなので、何でも正直に話したほうが、反省していると思われて有利かもしれませんね[3]。」

> [3] 薬物をセックスドラッグとして使用することは、異性愛者にも同様に見られるものである。本件において、性的指向つまり被疑者がゲイであることは本質的な問題ではなく、反省を示すために必ずしも取調べで話さなければならない事情ではない。

被疑者「正直に話しても、裁判になってしまったら、どうしたらいいでしょうか。」

弁護士「もし、起訴されて裁判になったら、情状証人として、ご両親に来てもらうことになるかと思いますが、その時に、残念ながら、男性が好きだということがご両親にわかってしまうと思いますよ[4]。」

> [4] 性的指向が裁判上暴露されないよう配慮を求める活動をすべきである。性的指向に言及した供述調書の一部不同意、検察官に対し冒頭陳述等で性的指向に触れないこと、証拠調べで該当部分の読み上げを行わないことを求めることが考えられる。情状証人に対しても必ずしも性的指向を明かす必要はない。

被疑者「そうですか……。あの、会社の人も裁判に来ることになるのでしょうか。」

弁護士「会社の人が裁判を傍聴したら、なぜ覚せい剤を使用したかという理由がわかってしまうと思うので、会社の人には裁判に来ないように私から頼んでおきましょう。あなたが男性しか愛せないということがわかれば、職場でのあなたの評価も下がりますからね[5]。男性好きということは会社

には黙っておきます。」

5 同性愛に対する誤解・偏見に基づく誤った発言である。同性愛・異性愛はその人にとって選択の余地のないものである。やめられるものではないし、やめるべきものでもない。同性愛も異性愛も性的指向の一態様である。

被疑者「私は、これからどうしたらいいでしょうか。」

弁護士「もう、Bさんとは会ってはいけません。<u>これからは普通に女性を好きになったらいいと思います</u>⁵。ハッテン場？とかいうところに行ったら、またBさんのような人に覚せい剤を勧められるかもしれないので、そんなところには近づかないほうが安全ですよ。」

被疑者「あの、ハッテン場は覚せい剤を密売する場所だって先生は勘違いされていませんか。」

弁護士「だって今回、ハッテン場で覚せい剤を勧められたのでしょう？ だから、ハッテン場って、出会いだけじゃなくて覚せい剤を譲渡しあう場所なのではないですか。」

被疑者「いや、そんな場所では……」

弁護士「それから、裁判のときも、私が被告人質問で今後について聞きますので、『<u>もう男性を好きになるのはやめます</u>⁵。』と答えてください。そうすれば、裁判官の印象がよくなると思います。」

被疑者「わかりました……。裁判が終わって、会社に戻ってからは、どう振る舞えばいいでしょうか。」

弁護士「<u>会社の人と積極的に一緒にキャバクラなどに行って、女性にしか興味がないとアピールするといいと思いますよ。これからは普通に女性を好きになれたらいいですね</u>⁵。」

【ダメじゃない弁護士の接見】

弁護士「なぜ、本件が発覚したのですか。」

被疑者「覚せい剤を打ってから、しばらくして気分が悪くなり、救急車を呼びました。病院で、正直に覚せい剤を打ったことを話しました。そうしたら、逮捕されました。」

弁護士「これまで、逮捕されたこと、前科などはありますか。」

被疑者「今まで、全くありません。」

弁護士「覚せい剤は、これまでも使用したことはありますか。今回が初めてですか。」

被疑者「初めてです。」

弁護士「なぜ、覚せい剤を打ったのですか。」

被疑者「……一緒に覚せい剤を打とうと、Bさんに勧められたので、興味本位で……」

弁護士「Bさんは、どういった関係の人ですか。昔からの知り合いですか。」

被疑者「……ハッテン場で知り合ったばかりで、よく知りません。覚せい剤で捕まった日に、ハッテン場で初めて会いました。」

弁護士「勾留状によると、覚せい剤を使用した場所はサウナがあるビルの休憩所となっていますが、その場所ということですね。」

被疑者「はい。……あの、先生はハッテン場という言葉を知っているのですか。」

弁護士「男性同士の出会いの場ですよね。私はLGBTについて勉強しています。」

被疑者「そうだったのですか。」

弁護士「今後の弁護方針を立てるために、事実関係を確認させてくださいね。覚せい剤について、Bさんに無理矢理注射器で打たれたのではなく、勧められたから自分で注射器で打ったということですね。」

被疑者「はい。覚せい剤は性交渉の際にBさんに勧められました。」

弁護士「そうですか。無理矢理Bさんから注射されたのではないというこ

とであれば、おそらく起訴されてしまいますが、初犯なので執行猶予がつくでしょう。とはいえ、きちんと反省して、今後の生活についても計画を立てていることを裁判所に示さないといけないと思います。具体的には、職場の上司に引き続きの雇用を誓約してもらうとか、ご家族にあなたの生活態度につき監督したり、薬物についての治療を受けさせる旨の誓約をしてもらったりなどですが、上司やご家族の協力は得られそうですか。」

被疑者「自分は家族や職場の人に、男性が好きだということは言っていないんです。特に、親には今回の事件の経緯は知られたくないんです。もう逮捕されたことは親にも職場にも伝わっていますが、なぜ覚せい剤を打ったかはまだ伝わっていません。取調べや裁判では、正直に男性が好きだからハッテン場に行って、そこでBさんに勧められて、覚せい剤を打ったって、言わないといけないんですか。」

弁護士「落ち着いてください。まず、捜査についてですが、あなたには黙秘権があり、言いたくないことは言わなくていいので、取調べで性的指向について必要以上に話す必要はありません。もし、警察や検察官から事件と関係がないことまで聞かれたり、差別的なことを言われたりしたら、すぐに私に相談してください。」

被疑者「ありがとうございます。でも、裁判になったときに、上司や家族に協力してもらわないといけないのですよね。同性が好きだということがばれてしまいますよね。執行猶予を得るために、カミングアウトしなければならないなんて、困ります。どうしたらいいでしょうか。」

弁護士「情状証人として法廷に立ってもらう必要はありません。例えば、家族の方に、今後あなたを監督する旨を誓約した身元引受書に署名捺印してもらえれば、それを証拠として提出すれば足ります。上司の方に誓約書を作成してもらわなくても家族の身元引受書で足りるかと思います。上司の方に協力してもらえるのであれば、誓約書を作ってもらってもよいですが、その際に私からはあなたの性的指向や覚せい剤使用の経緯については話しません。」

被疑者「それは助かります。あの、情状証人として出なくても、上司や同僚、家族は裁判に来てしまうのでしょうか。裁判には誰も来てほしくないのですが、それはできないのでしょうか。」

弁護士「裁判所や検事に対し、あなたの性的指向を公開の法廷の場で暴露しないよう配慮を事前に求めます。ただし、万が一のことを考えて、会社の人や家族には裁判に来ないように私から頼んでおきます。裁判の日時を知らせないでおきます。」

被疑者「いろいろとお気遣いいただいてすみません。先生、私はこれからどうしたらいいでしょうか。」

弁護士「Bさんはまた覚せい剤を勧めるかもしれませんから、Bさんとはもう会ってはいけません。そして、覚せい剤を興味本位で使わないことです。裁判のときも、私が被告人質問で今後について聞きますので、『もう覚せい剤は絶対に使用しません。』と答えてください。」

被疑者「わかりました。覚せい剤が想像以上に怖い物とわかったので、もう使用したくありません。Bさんにも会いたくありません。それから、裁判が終わって、会社に戻ってからは、どう振る舞えばいいでしょうか。ゲイだってばれないように、女性に興味があるふりでもすればよいのでしょうか。」

弁護士「無理に自分の意に反した行動をすると、辛くなるのではないでしょうか。仕事を遂行するうえで性的指向は関係ありません。これまでどおり振る舞えばよいでしょう。もし、職場で性的指向を理由とした嫌がらせを受けたら、それは人権侵害ですので、また私に相談してください。」

被疑者「それを聞いて安心しました。どうぞよろしくお願いします。」

2 相談窓口一覧

(1) LGBTに関する相談窓口

i 東京弁護士会

名　称：セクシュアル・マイノリティ電話法律相談

概　要：東京弁護士会が提供する電話相談。
　　　　電話での相談のみであれば、相談料無料。匿名相談も可能。
　　　　毎月第2・4木曜日の午後5時から午後7時に実施。＊祝祭日の場合は翌日金曜日に実施。

連絡先：電話相談　03-3581-5515
　　　　問合せ先　03-3581-2205（東京弁護士会人権課）

ii 大阪弁護士会

名　称：弁護士によるLGBTsのための電話相談

概　要：大阪弁護士会が提供する電話相談。相談料は無料。
　　　　毎月第4月曜日の午後4時から午後6時に実施。
　　　　＊祝祭日、年末年始は大阪弁護士会HP参照

連絡先：06-6364-6251

iii 一般社団法人社会的包摂サポートセンター

名　称：よりそいホットライン

概　要：24時間どこからかけても無料の電話相談で、セクシュアル・マイノリティ専門回線がある。LGBT当事者だけでなく、家族や友人などの相談も受け付けている。

連絡先：0120-279-338
　　　　音声ガイダンスが流れたら、「4」番をプッシュする。

iv NPO法人アカー（動くゲイとレズビアンの会）

①名　称：ヘルプラインサービス

　概　要：同性愛者向けにエイズや同性愛について悩んでいる人、知識を求めている人からの相談に応じている。毎週火曜日、水曜日、木曜

日の午後 8 時から午後 10 時に実施（祝祭日を除く）。
連絡先：03-3380-2269
② 名　　称：GB-SOS 法律相談
　概　　要：悪質な嫌がらせ、恐喝、暴力などについて、対応方法や法的サポートも含めた相談。毎週月曜日から金曜日の午後 0 時から午後 8 時に実施（祝祭日を除く）。
　連絡先：03-3383-5556（予約用電話）

ⅴ　NPO 法人レインボーコミュニティ coLLabo

名　　称：coLLabo LINE（コラボ ライン）
概　　要：レズビアンと多様な女性たち（性的少数者）のための活動をする NPO 法人。電話相談は、毎月第 1 土曜日の午後 0 時 30 分から午後 3 時に実施。
連絡先：03-6322-5145

ⅵ　NPO 法人ぷれいす東京

① 名　　称：ゲイによるゲイのための HIV/エイズ電話相談
　概　　要：HIV 陽性者とその周囲の人のための電話相談をしている。毎週土曜日の午後 7 時から午後 9 時に実施。
　連絡先：03-5386-1575
② 名　　称：HIV エイズ電話相談
　概　　要：毎週日曜日の午後 1 時から午後 5 時に実施。
　連絡先：03-3361-8909
③ 名　　称：ポジティブライン
　概　　要：月曜日から土曜日の午後 1 時から午後 7 時に実施。
　連絡先：0120-02-8341
④ 名　　称：対面相談（要予約）
　概　　要：月曜日から土曜日の午後 0 時から午後 7 時に実施。
　連絡先：03-3361-8964（予約窓口）

2 相談窓口一覧　271

vii　AGP（同性愛者医療・福祉・教育・カウンセリング専門家会議）

① 名　称：こころの相談
　概　要：同性愛者向けの相談を行っている。毎週火曜日の午後 8 時から午後 10 時に実施。
　連絡先：050-5539-0246

② 名　称：からだの相談
　概　要：同性愛者向けの相談を行っている。毎月第 1 水曜日の午後 9 時から午後 11 時に実施。
　連絡先：050-5539-0246

viii　QWRC（くぉーく／Queer and Women's Resource Center）

名　称：QWRC（くぉーく）電話相談
概　要：大阪市にある、多様な性を生きる人々のためのリソースセンター。LGBTI の当事者やその家族、友人にむけて、恋愛・セックス・性感染症・パートナーとの関係・家族との関係・友人との関係・学校、会社での関係等に関する相談を受け付けている。第 1 月曜日の午後 7 時 30 分から午後 10 時 30 分に実施。
連絡先：06-6585-0751

ix　福岡県

名　称：LGBT の方の DV 被害者相談ホットライン
概　要：福岡県が平成 28 年 7 月 1 日から設置した相談窓口。毎月第 2 火曜日の午後 0 時から午後 4 時、第 4 火曜日の午後 5 時から午後 8 時に実施（祝日・年末年始を除く）。なお、来所相談は予約が必要。
連絡先：電話相談　080-2701-5461

x　Fukuoka Rainbow Educational NetworkS（FRENS）

名　称：FRENS（フレンズ）フレンズライン
概　要：福岡で多様な性の子ども若者サポートの活動をしている FRENS が行う、24 歳以下のセクシュアルマイノリティや、まわりのおとなのための電話相談。毎週日曜日の午後 5 時から午後 9 時に実施。

連絡先：080-9062-2416

(2) 薬物依存
① 名　　称：日本ダルク（DARC）
　 概　　要：薬物から解放されるためのプログラムを持つ民間の薬物依存症リハビリ施設。全国に関連施設がある。
　 連絡先：TEL　03-5369-2595
② 名　　称：アパリクリニック
　 概　　要：ダルクスタッフとの協同のもとに、既存の医療・司法システムの考え方にとらわれず、アディクション（依存症）の予防・回復支援のプログラムを提供している。セクシュアル・マイノリティの対応もしている。完全予約制。
　　　　　　診療科目：精神科・心療内科　　診療曜日：月〜土曜日
　 連絡先：TEL　03-5369-2591
③ 名　　称：フリーダム（Freedom）　主に関西
　 概　　要：薬物依存症は回復できる病で、薬物依存者には「処罰」ではなく「回復の権利」が保障されるべきとの考え方のもとに活動しているNPO。関西に様々な支援組織の立ち上げとネットワークをつくり、薬物依存者と家族に個別的支援を提供している。毎週土曜日の午後3時から午後7時に実施。
　 連絡先：06-6320-1196（電話相談）

(3) DV
ⅰ　内閣府男女共同参画局
名　　称：DV相談ナビ
概　　要：内閣府男女共同参画局が運営。電話発信地等の情報から、最寄り自治体の相談窓口に自動転送される。固定電話からだけでなく、携帯電話、PHS及びIP電話（一部を除く）からも利用できる。

連絡先:TEL 0570-0-55210

ⅱ **特定非営利活動法人　いくの学園**

名　称:ホットライン

概　要:DV、ストーカー、虐待、親密な関係で起きている暴力から逃れるにはどうすればよいか、逃れた後の生活等について相談できる。LGBT、過去に虐待経験のある成人の方からの相談も受けている。毎週水曜日の午後0時から午後5時(祝日は除く)に実施。

連絡先:090-9629-4847

セクシュアル・マイノリティ無料電話相談のご案内

　東京弁護士会では、「セクシュアル・マイノリティ電話法律相談」を、毎月第2・第4木曜日（祝祭日の場合は翌金曜日）の午後5時から午後7時に行っています。本電話相談は、2014年6月12日、東京弁護士会が全国の弁護士会で初めてセクシュアル・マイノリティ対象の定期電話相談として開始し、現在、月2回の電話法律相談を行っているのも東京弁護士会のみです。認定研修を受けた相談員により運営されています。

　本電話相談に寄せられる相談の内容は多岐に亘っています。例えば、元パートナーからセクシュアリティをばらすと脅迫されている、セクシュアリティを理由として賃金切下げをされた、パートナーとの交際を理由に親権変更を申し立てられている等、弁護士が迅速に介入する必要性の高い相談が多くありました。その他には、パートナーシップの証明方法（公正証書作成、後見申立等）、性別の取扱いの変更審判に関する相談などが相当数寄せられています。

　セクシュアル・マイノリティの方は、自身のセクシュアリティについて話すことをためらい、弁護士への相談に踏み出せないことが多いです。本電話相談でも「今まで誰にも相談できなかった」と担当者に打ち明ける相談者も少なくありません。

　「セクシュアル・マイノリティ」に特化した本電話相談は、セクシュアル・マイノリティの法的アクセス障害の解消、人権擁護を大きく前進させる取組みとして、大きな意義を有していると考えています。

セクシュアル・マイノリティ無料電話相談のご案内

事項別索引

【A-Z】

DV　149
DV防止法　151
FtM　003
FtX　003
HIV　174
LGBT　007
MtF　003, 097
MtX　003
SOGI　008
Xジェンダー　003

【あ行】

アウティング　160, 163, 166
アセクシュアル　004
「家」制度　021
遺言　095
遺言書　137
慰謝料　132, 168
異性愛中心主義　007
異性装　005
遺贈　137
医療同意契約書　083
インターネット　190
受取人　093
エーセクシュアル　004

縁組意思　148

【か行】

解雇　110
介護　085
介護休業　085
介護保険　085
家事調停　129
カミングアウト　031
供述調書　264
共有物分割　074, 130
緊急連絡先カード　084
刑事施設　177
憲法24条1項　020
更衣室　053
公営住宅　077
公証人　056, 089
公正証書　056, 061, 062, 089
公団住宅　078
戸籍の変更　097

【さ行】

財産管理　059, 060, 061, 088, 089
財産管理等の委任契約書　088, 090
財産分与　130

在留資格　197
死因贈与契約　138
ジェンダー　004
自己決定権　104
死後事務　089
事実行為　059
シスジェンダー　003
渋谷区男女平等及び多様性を尊重する社会を推進する条例　057, 078, 087
自由人権規約　098
住宅ローン　075
終末期医療　081
準婚姻契約　055
昇進等における差別　106
ジョグジャカルタ原則　014
女装　005
親権者　118, 170
人事訴訟　128
身上監護　059, 060, 061, 088, 089
身体的性別　002
信頼関係破壊　073
ストーカー　154
ストーカー規制法　154, 156
ストーカー行為等の規制等に関する法律　154, 164
性自認　003
性的指向　004, 098

性同一性　003
性同一性障害　003
性同一性障害者の性別の取扱いの特例に関する法律　023, 036
成年後見人　086
制服　053
生物学的性別　002
性分化疾患　002
性別違和　027, 098
性別適合手術　038, 039, 097
性別二元論　007
性別の取扱いの変更　036, 040, 043
性別欄　051
生命保険　093
生命保険受取人の変更　094
性役割　004
セクシュアリティ　071, 098
セクシュアル・ハラスメント　113
セクシュアル・マイノリティ　005
セクシュアル・マジョリティ　005
世田谷区パートナーシップの宣誓の取扱いに関する要綱　058
接見　262
相続財産管理人　144

相続税　139
ソドミー法　013
その他婚姻を継続し難い重大な事
　由　167

【た行】
第三者精子提供　122
代理母　125
男色文化　029
男装　005
賃貸借契約　049
トイレ利用　047
登記事項証明書　060, 062
同居親族要件　077
投稿記事の削除要請　193
同性間パートナーシップ証明書
　078
同性婚　018
同性パートナーシップ　055
同性パートナーシップ証明　057
特定優良賃貸住宅　078
特別縁故者　144
特別養子縁組　126
特例法　023, 036, 043
トランスジェンダー　003, 097
取調べ　171

【な行】
任意後見　055, 059
任意後見監督人　061, 062
任意後見契約　055, 059, 060, 061,
　062, 088, 090
任意後見契約公正証書　064, 083
任意後見契約締結　062
任意後見受任者　059, 060, 061,
　062
任意後見制度　059
任意後見人　059, 060, 062, 086

【は行】
パートナーシップ契約　055, 056
パートナーシップ契約書　063,
　083
パートナーシップ証明　055
パートナーシップ証明書　057,
　058, 116
パートナーシップ宣誓書　058
パートナーシップ宣誓書受領証
　058, 116
ハウスシェアリング制度　078
発信者情報開示請求　194
ハッテン場　162, 173
ハラスメント防止規程　109
服装　103
不貞行為　134, 168

プライバシー　101
プライバシー侵害　192
紛争解決センター　129
ペアローン　075
平成23年6月1日付け法務省矯
　　成第3212号成人矯正課長・矯
　　正医療管理官連名通知　178
平成27年10月1日付け法務省
　　矯成第2631号成人矯正課長・
　　矯正医療管理官連名通知　178
冒頭陳述　264
法律行為　059, 061
ホモネタ・レズネタ　030, 258

【ま行】

未成年後見人　119
身元引受　085
民事調停　129
名誉毀損　192
黙秘権　171

【や・ら行】

薬物依存　176
養子縁組　145
養子縁組無効確認の訴え　147
離婚事由　167
履歴書　097

裁判例等年月日別索引

【裁判例】

昭和23年12月23日	最一小判／民集2巻14号493頁	147
昭和27年 4月25日	最二小判／民集6巻4号451頁	072
昭和28年 9月25日	最二小判／民集7巻9号979頁	072
昭和33年 4月11日	最二小判／民集12巻5号789頁・家月10巻4号21頁・判時147号4頁	132
昭和33年12月25日	東京地判／家月11巻4号107頁・判時174号23頁	135
昭和38年12月20日	最二小判／家月16巻4号117頁	148
昭和46年 5月18日	大阪高決／家月24巻5号47頁	144
昭和47年 5月25日	最一小判／民集26巻4号805頁・判時680号40頁・判タ283号127頁	138
昭和48年12月12日	最大判／民集27巻11号1536頁・判時724号18頁・判タ302号112頁（三菱樹脂事件）	098
昭和54年 7月20日	最二小判／民集33巻5号582頁・判時938号3頁・判タ399号32頁・労判323号19頁（大日本印刷事件）	101
昭和55年12月15日	東京地判／判時991号107頁・判タ434号188頁・労判354号46頁（イースタン・エアポートモータース事件）	105
昭和57年 4月30日	最二小判／民集36巻4号763頁・家月34巻10号59頁・判時1042号96頁・判タ470号116頁	139
昭和57年11月30日	大阪高判／家月36巻1号139頁・判タ489号65頁・別冊ジュリスト99号56頁	143
昭和58年 6月15日	名古屋高判／判タ508号112頁	143
昭和61年 7月14日	最二小判／判時1198号149頁・判タ606号30頁・労判477号6頁（東亜ペイント事件）	108
平成 3年 2月20日	東京高判／労判592号77頁（炭研精工事件）	112
平成 6年 3月30日	東京地判／判時1509号80頁・判タ859号163頁・判自145号54頁（府中青年の家事件）	244

平成 7年12月 4日	東京地判／労判685号17頁（バンクオブアメリカイリノイ事件）	108
平成 8年 3月26日	最三小判／民集50巻4号993頁・家月48巻9号34頁・判時1563号72頁・判タ908号284頁	135
平成 8年12月11日	東京地決／判時1591号118頁・判タ949号132頁・労判711号57頁（アーク証券事件）	108
平成 9年 9月16日	東京高判／判タ986号206頁・判自175号64頁（府中青年の家事件）	209, 244
平成 9年12月25日	福岡地小倉支決／労判732号53頁（東谷山家事件）	105
平成12年12月22日	東京高判／判時1766号82頁・労判796号5頁（芝信用金庫事件）	107
平成14年 6月20日	東京地決／労判830号13頁（S社〔性同一性障害者解雇〕事件）	104, 202
平成14年 6月27日	横浜地川崎支判／判時1805号105頁・判タ1114号158頁・労判833号61頁（川崎市水道局事件）	109
平成15年 3月25日	東京高判／労判849号87頁（川崎市水道局事件）	109
平成15年 6月20日	東京地判／労判854号5頁（B金融公庫事件）	101
平成16年 2月25日	東京地判／訟月51巻1号102頁（シェイダ事件）	209
平成16年11月18日	最一小判／判時1881号83頁・判タ1169号144頁	133
平成17年 6月 2日	東京高判／平成17年（ネ）第1115号（判例集未登載）	094
平成18年 3月29日	東京地判／判時1935号84頁・判タ1243号78頁（四谷署留置場事件）	203
平成18年10月18日	東京高判／判時1946号48頁（毎日新聞社事件）	210
平成19年 3月23日	最二小決／民集61巻2号619頁・家月59巻7号72頁・訟月54巻3号642頁・判時1967号36頁・判タ1239号120頁	123
平成20年12月26日	神戸家姫路支審／家月61巻10号72頁	126

平成21年 5月15日	大阪高判／判時2067号42頁・判タ1323号251頁	148
平成21年11月10日	大阪高決／家月62巻8号75頁	206
平成22年10月12日	高松高決／家月63巻8号58頁	207
平成25年12月10日	最三小決／民集67巻9号1847頁・判時2210号27頁・判タ1398号77頁	204
平成26年 9月 8日	静岡地浜松支判／判時2243号67頁	205
平成27年12月16日	最大判／民集69巻8号2586頁・判時2284号38頁・判タ1421号84頁（夫婦同氏規定判決）	022

【通知等】

平成22年12月27日	法務省民事局長通達／民一第3200号（養子縁組の届出に関する取扱いについて）	146
平成23年 6月 1日	法務省矯正局成人矯正課長・矯正医療管理官通知／矯成第3212号（性同一性障害等を有する被収容者の処遇方針について）	178, 179
平成24年 9月21日	厚生労働省保険局国民健康保険課長事務連絡／保国発0921第1号（国民健康保険被保険者証の性別表記について（回答））	051
平成25年10月18日	法務省入国管理局入国在留課長通知／管在第5357号（同性婚の配偶者に対する入国・在留審査について）	197, 198
平成27年 4月30日	文部科学省初等中等教育局児童生徒課長通知／27文科初児生第3号（性同一性障害に係る児童生徒に対するきめ細かな対応の実施等について）	016, 053
平成27年10月 1日	法務省矯正局成人矯正課長・矯正医療管理官通知／矯成第2631号（「性同一性障害等を有する被収容者の処遇方針について」の一部改正について）	178, 186

あとがき

法の不整備

 2014年7月、国際人権（自由権）規約委員会は、日本の状況について、「レズビアン、ゲイ、バイセクシュアル及びトランスジェンダーの人々への社会的ハラスメント及びスティグマの付与に関する報告……について懸念を有する。」としたうえで、日本に対し、「性的指向及びジェンダー・アイデンティティを含むあらゆる理由に基づく差別を禁止し、差別の被害者に効果的で適切な救済を提供する包括的な差別禁止法を採択すべきである。」と勧告しました。

 しかし、残念ながら、現在も、セクシュアル・マイノリティ（性別違和を抱える人や性的指向が同性又は両性に向いている人など、セクシュアリティ（性のあり方）についてマイノリティといわれる人々）に関する人権保障の観点からの法的枠組みや制度はほとんど整備されていないというのが日本の現状です（なお、自由民主党は2016年5月17日に「性的指向及び性同一性の多様性に関する国民の理解の増進に関する法律案」をとりまとめ、また、民進党、日本共産党、社会民主党、生活の党と山本太郎となかまたちは同月27日に「性的指向又は性自認を理由とする差別の解消等の推進に関する法律案」を国会に提出していますが、本書執筆時点において、かかる法案は成立していません。）。このように法整備が進んでいない状況下において、多くのセクシュアル・マイノリティは、社会の根深い偏見にさらされ、深刻な孤立の中にあり、生き辛さを抱えています。

東京弁護士会の取組み

東京弁護士会「性の平等に関する委員会」（当初は、「両性の平等に関する委員会」）は、セクシュアル・マイノリティの人々が置かれている深刻な状況を人権問題として捉えることの重要性を訴えるため、2012年3月、全国の弁護士会で初めて、セクシュアル・マイノリティをテーマとした公開シンポジウムを開催し、その後も、弁護士向けの定期的な研修、教育関係者向けの公開学習会（意見交換会）、司法修習生向けの選択型修習プログラム講義、セクシュアル・マイノリティ向け無料電話法律相談などの活動を行ってきました。また、もともと「両性の平等に関する委員会」であった委員会名を、セクシュアル・マイノリティについての取組みを継続して行うという意思表示の趣旨も含め、「性の平等に関する委員会」へと変更致しました。男女のみが想起されやすい「両性」から、何も限定をつけない「性」に変更するにあたって、「性は多様である」という意味を込めています。本書は、そのような活動の中で、実際に困難に陥っているセクシュアル・マイノリティの人々、そして、そのような人々から相談を受けた弁護士その他関係者が、その困難を解決していく際の一助になればとの思いから、セクシュアル・マイノリティの人々が直面する可能性のある問題についての考え方や対処方法をまとめたものです。

社会全体の問題であること

そもそも、性のグラデーション（性別は、女性と男性の2通りしか存在しないのではなく、女性と男性を両極として、その間に明確な境界がなく、無数の領域が存在するという見方や考え方をいい、

生物学的性別、性自認、性的指向の全ての局面において、「性のグラデーション」を考えることができます。）といわれるように、セクシュアリティ（性のあり方）は人それぞれであり、その意味で、「セクシュアル・マイノリティ当事者」「非当事者」と明確に区別できるものではありません。また、セクシュアル・マイノリティの問題は、「こうあらねばならない」と直接的又は間接的に本来の自分とは異なる生き方を強要されていると感じている人々全てに共通する問題であって、そのような人々全てがこの問題の「当事者」であるともいえます。つまり、セクシュアル・マイノリティの問題は、「限られた特定の人に特有の問題」ではなく、多様な存在である個々人がありのままの存在として尊重されるべき社会全体の問題なのです。

今後の取組み

東京弁護士会による2012年3月のシンポジウムの最後に、私達は、今後の取組みとして、以下のような決意を述べました。

① 「性同一性障害者の性別の取扱いの特例に関する法律」が定める性別取扱い（戸籍上の性別等）変更の要件の緩和について、継続して議論する。

② セクシュアル・マイノリティが望むならば家族関係を形成していくことについて、それを尊重する立法がなされるべきとの認識に立ち、継続して議論する。

③ 教育分野を含む様々な局面でセクシュアル・マイノリティに対する平等な尊重と配慮がなされるように働きかける。

「性同一性障害者の性別の取扱いの特例に関する法律」が定める性別取扱い変更の要件は、諸外国と比較しても非常に厳しく、性別

違和を抱える人々が自分らしく生きることが尊重されなければならないという観点から、その緩和について検討がなされる必要があります。また、そもそも、同法に基づく性別取扱い変更の有無にかかわらず、個々人が自認する性別で社会生活を送ることが尊重されるべきであるという視点も、忘れてはなりません。

同性カップル（戸籍上の性別が同性である者同士のカップル）については、必要な権利保障がなされていないために、人生の様々な局面において切実な問題と向き合うことを余儀なくされていることから、これを解消するための立法が求められます。立法に際しては、男女の婚姻制度より下位の制度とならないよう、留意が必要です。

さらに、セクシュアル・マイノリティの人々がさらされている差別や偏見といった人権被害をなくすためには、セクシュアリティ（性のあり方）を理由とする差別を禁止する法律の制定や、性の多様性に関する人権教育が必須であると考えます。

私達は、今後も、セクシュアル・マイノリティの問題が人権問題であるという見地から、上記①〜③を柱として、セクシュアル・マイノリティの問題に継続的に取り組んでいきたいと考えています。

2016年10月

　　　　　東京弁護士会「性の平等に関する委員会」
　　　セクシュアル・マイノリティ プロジェクト・チーム一同

監修者・執筆者一覧

監修者 (五十音順)

上杉　崇子　　寺原真希子　　本多　広高

執筆者 (五十音順)

池田　清美　　上杉　崇子
片岡　麻衣　　金城　美江
小沼　千夏　　笹山　桂一
谷田　和樹　　千吉良健一
寺原真希子　　仲村　　諒
野付さくら　　服部　　咲
本多　広高　　山本真由美

セクシュアル・マイノリティの法律相談
LGBTを含む多様な性的指向・性自認の法的問題

2016年12月20日　第1刷発行

編　者　東京弁護士会　性の平等に関する委員会
　　　　セクシュアル・マイノリティ プロジェクトチーム

発　行　株式会社ぎょうせい

〒136-8575　東京都江東区新木場1-18-11
電　話　編集　03-6892-6508
　　　　営業　03-6892-6666
フリーコール　0120-953-431

〈検印省略〉

URL：http://gyosei.jp

印刷／ぎょうせいデジタル㈱　　©2016　Printed in Japan.　禁無断転載・複製
※乱丁・落丁本はお取り替えいたします。

ISBN978-4-324-10209-1
(5108293-00-000)
〔略号：セクマイ相談〕